Libellus

Martial

Epigramme

Der Dichter und seine Stadt

von Benedikt Simons

Ernst Klett Verlag
Stuttgart · Leipzig

Inhalt

Vorwort

Salvete!

Warum soll man Martial lesen? Toter Dichter, seit ca. 1900 Jahren toter Mann, tote Sprache, weil schon lange nicht mehr gesprochen ... Man könnte als Argument anführen, welch große Wirkung Martial gerade auf die deutsche Literatur hatte. Noch Lessing, Goethe und Schiller haben sich von Martial inspirieren lassen. Aber was hat das mit uns heute zu tun? Martial war ein sehr scharfer Beobachter seiner Umgebung: Er hat sich die Menschen in seiner Nachbarschaft, auf den Foren oder im Circus genau angesehen und ihr Verhalten genauestens studiert. Dabei fiel ihm auf, von welchen (falschen) Leidenschaften, Trieben oder Motiven sich die Menschen leiten lassen. Und genau diese hat er zum Thema seiner Gedichte gemacht. Dass er über 1500 Gedichte geschrieben hat, zeigt, wie viele Beobachtungen er machen konnte. Mit seinen Gedichten hält er seinen Zeitgenossen einen Spiegel vor die Augen. An diesem Punkt stellt sich die Frage: Sind die von Martial angeprangerten Verhaltensweisen eigentlich nur römisch antike, also tote, oder gibt es sie immer noch? Und: Wie würden wir heute damit umgehen? Damit wird Martial auch für uns interessant, denn seine Gedichte gehen uns heute noch etwas an.
Martials große Kunst besteht darin, dass ihm seine Beobachtungen in sehr kurzen, knappen, oft nur zweizeiligen Epigrammen gelingen. Dabei sind diese nicht nur sprachlich bis ins feinste Detail durchkomponiert, sondern schließen auch sehr oft mit einer witzigen Pointe. Martial beherrscht die ganze sprachliche Bandbreite: Mal sind seine Gedichte deftig, mal sind sie emotional, liebevoll, trauernd, einfühlsam, mal sind sie sarkastisch, in jedem Fall aber abwechslungreich.
Darüber hinaus ist Martial derjenige unter den römischen Dichtern, dessen Werk ausschließlich mit der Stadt Rom verbunden ist. Martial geht in seiner Nachbarschaft umher, durch Thermen, Basiliken und Säulenhallen. Wir finden ihn im Circus Maximus oder im brandneuen, als Weltwunder gepriesenen Amphitheater, also an solchen Orten, wo er seine Mitmenschen beobachten kann. So bietet er uns nicht nur die Möglichkeit, grundsätzliches menschliches Verhalten zu betrachten, sondern gibt uns auch einen Einblick in die alltägliche Lebenswelt Roms zu seiner Zeit, in die Stadt und ihre Bauten.
Und das werden wir in diesem Heft tun: Wir werden Martial anhand ausgewählter Gedichte an einem Tag vom frühen Morgen bis spät in die Nacht durch die Stadt Rom begleiten. Dabei werden wir wichtige Bauten Roms kennenlernen und über die Beobachtungen seiner Epigramme nachdenken. Wegen seiner sprachlichen Kunst und seines Witzes kann das aufregend werden. Ich wünsche euch viel Spannung und viel Vergnügen dabei.

Benedikt Simons

Einleitung

1 Ein Interview mit Martial

Die Redaktion „Libellus" führt ein Interview mit dem Dichter Martial (das natürlich frei erfunden ist).

Redaktion: Marcus Valerius Martialis, Sie sind kein Römer. Was hat Sie nach Rom gezogen?

Martial: Natürlich bin ich Römer! Als ich in Bilbilis geboren wurde, gehörte unser Teil von Hispania schon seit 250 Jahren zum Römischen Reich. Seit Urgedenken verfügt unsere Familie über das römische Bürgerrecht. Wir sind Rom…

Redaktion: Gut, doch was hat Sie aus Ihrer hispanischen Heimat in die Hauptstadt gebracht?

Martial: Na, die Hauptstadt hat mich in die Hauptstadt gebracht! Wie die anderen Dichter, Catull aus Verona, Properz aus Umbrien, Vergil aus Mantua, Horaz aus Apulien, Ovid aus Sulmo, sind wir nach Rom gekommen, weil allein hier unser Werk angemessen gewürdigt wird.

Redaktion: Der Kaiser und seine finanziellen Mittel …

Martial: Nicht nur, es gibt auch andere bedeutende Mäzene, die uns fördern und dafür sorgen, dass wir nicht vom schnöden Arbeiten abhängig sind. Doch das ist für mich gar nicht so entscheidend, ich bin mit meiner kleinen Kammer in den *insulae* auf dem Quirinal vollkommen zufrieden.

Redaktion: Wieso das denn? Horaz bekam doch auch ein Landgut geschenkt! Bei Ihren Verbindungen und Ihrer Popularität hätten Sie doch Ähnliches erreichen können.

Martial: Natürlich, ich habe ja ein Gut außerhalb von Rom bekommen, auch in Spanien. Aber mir geht es um etwas Anderes. Ich will keine Epen schreiben, keine Lehrgedichte oder Lyrik. Auch Liebesgedichte liegen mir fern. Ich will den Menschen aufs Maul schauen, gerade nicht den hochwohlgeborenen, sondern denen, die im einfachen Alltag überleben. Ihr Leben und Leiden, ihre Laster will ich loben und tadeln, und das geht eben nur mitten in Rom.

Redaktion: Hat das nicht schon Catull gemacht?

Martial: Stimmt, stimmt aber auch nicht. Catull hat einzelne Leute angegriffen, sehr persönlich in bösen Worten. Ich will aber niemanden persönlich verletzen, sondern ich will die Menschen allgemein beschreiben. Und das hat vor mir noch keiner getan, kein Grieche und erst recht kein Römer.

Redaktion: Zumindest nicht in dieser Form.

Martial: Ganz genau. Die Griechen haben das Epigramm im elegischen Distichon geschaffen. Aber ich habe es völlig neu entdeckt: Nur wenige Zeilen, in denen ich kurz und prägnant die Dinge auf den Punkt bringen kann. Wie sich Menschen verhalten, wie sie sind. Ihre guten Taten loben, ihre schlechten Eigenschaften aufspießen.

Redaktion: Es sind also die Menschen, die Sie nach Rom führten?

Martial: Auf jeden Fall! Sie sind meine Studienobjekte und gleichzeitig mein Publikum. Nur in Rom gibt es das kultivierte und gebildete Publikum, das mich schätzen kann. Aber Rom ist auch eine großartige Stadt: Augustus kleidete sie in Marmor aus und schuf all die Möglichkeiten, um hier angenehm leben zu können. Seine Nachfolger ahmten ihn darin nach und bauten Rom weiter aus. Wenn es nicht so zynisch wäre, könnte man Nero geradezu dankbar sein, dass er das abgefackelte Rom neu gründen wollte. Ihm schwebte eine moderne, großzügige Stadt vor, aber in seiner grenzenlosen Maßlosigkeit hat er sie doch nur zu seiner eigenen Spielwiese degradiert.

Redaktion: Man meint gerade, Ihren Landsmann Seneca zu hören, der Mäßigung forderte. Und der Sie ja auch in Rom einführte.

Martial: In der Tat war Seneca aus meiner Heimat Hispania sehr wichtig für mich, aber auch mein anderer Landsmann, der Dichter Lukan. Beide führten mich kurz nach dem großen Brand in die Gesellschaft ein. Da war ich schon weit über zwanzig Jahre alt. Lange versuchte ich, auf jede erdenkliche Weise zurechtzukommen. Aber erst „meine" Kaiser, Vespasian und Titus, wiesen mir den Weg. Wie Augustus wollten sie ein neues Rom, eine neue Stadt schaffen, aber dieses Mal für die Bürger Roms, nicht als ihren persönlichen Palast. Thermen, das *templum pacis*, ein Stadion und DIE Arena. Durch sie wurde die Stadt zu einem Ort, in dem es sich zu leben lohnt.

Redaktion: Ihre Kaiser, die Flavier, brachten Sie zur Dichtung. Von ihnen wurden Sie zu Ihrem Erstlingswert, dem *liber spectaculorum* über das Amphitheatrum Flavium, anlässlich seiner Einweihung inspiriert. Fünf bis sechs Jahre danach eilten Sie dann von Erfolg zu Erfolg, fast jedes Jahr ein neues Buch ihrer Epigramme. Interessant!

Martial: Wieso interessant?

Redaktion: Weil „Ihre" Flavier da schon tot waren! Vespasian seit acht, Titus seit fünf Jahren. Ihr wahrer Erfolg, Ihre Epigramme, Ihre Beobachtungen über Laster, Leben und Leiden der Menschen boomten doch erst unter dem letzten der Flavier, oder? Das wäre doch alles nicht möglich gewesen ohne die Protektion Domitians, eines Despoten, willkürlichen Gewaltherrschers, wie er im Buche steht.

Martial: Sie haben recht. Ihn hätte ich erwähnen müssen, den Kaiser, der als Despot und willkürlicher Gewaltherrscher immerhin fünfzehn Jahre geherrscht hat! Der das Bauprogramm der Flavier zur Vollendung geführt und Rom verschönert hat wie zuvor vielleicht nur Augustus. Der die Künste gefördert hat wie kaum ein anderer. Ich hätte ihn erwähnen müssen, obwohl es schwierig ist, sich unter einem willkürlichen Gewaltherrscher wie ihm frei zu äußern.

Redaktion: Nun gut, aber müssen Sie sich gleich zu solchen Schmeicheleien verleiten lassen wie *rerum felix tutela salusque* („beglückender Schützer und Heil der Welt"), die Sie im Eingangsepigramm des fünften Buches für Domitian gefunden haben?

Martial: Das ist wahr. Aber seien Sie ehrlich: Würden Sie immer und überall Ihre Kritik frei äußern, wenn ihr Leben oder Ihr Fortkommen davon abhinge?

Redaktion: Sie haben recht. Versuchen Sie deshalb, auch die neuen Kaiser, Nerva und Trajan, für sich zu gewinnen?

Martial: Natürlich muss ich mich mit den neuen Kaisern arrangieren! Im Gegensatz zu hochwohlgeborenen Senatoren, die sich eine unabhängige Meinung leisten können, muss ich sehen, wo ich bleibe. So habe ich Titus und Vespasian ebenso gerühmt wie Trajan oder eben den Despoten Domitian.

Redaktion: Und warum reisen Sie wieder in die Heimat zurück? Wenn es doch so schön ist in Rom, warum ziehen Sie sich dann zurück? Es scheint also doch nicht mehr so gut zu klappen im Rom unter Trajan?

Martial: Vielleicht sollte man daran denken, dass ich fast sechzig Jahre alt bin. Ein Greis. 34 Jahre habe ich in Rom gelebt, mich dort ins Leben gestürzt, stets auf der Suche nach einem Publikum. Vielleicht ist ein solches Leben doch zu unstet geworden. Marcella hat mir ein Gut in Spanien geschenkt, mein Schriftstellerkollege Plinius Geld für die Reise. In der Provinz Hispania werde ich meinen Lebensabend in Ruhe genießen können, ein zwölftes Buch schreiben, vielleicht, vielleicht auch nicht. Vielleicht werde ich Roms Leben und seine Stadt vermissen. Aber die Ruhe werde ich auch genießen.

Redaktion: Vielen Dank, Marcus Valerius Martialis, für das aufschlussreiche Interview.

2 Übersicht über die Zeit Martials

Martial: Leben und Werk

38–41 n. Chr.	Geburt in Bilbilis, Provinz Hispania Tarraconensis
bis 64 n. Chr.	Ausbildung bei einem *grammaticus* und *rhetoricus* (gängiger Bildungsweg eines gebildeten Römers)
ca. 64 n. Chr.	Ankunft in Rom
80 n. Chr.	Veröffentlichung des *liber spectaculorum*
80er Jahre	• Mietwohnung auf dem Quirinal in Rom • Vergabe des „Dreikinderrechtes“ durch Kaiser Titus, das Familien ab drei Kindern Steuervorteile brachte • formal Militärtribun • Aufnahme in den Ritterstand (?)
ca. 84 n. Chr.	Veröffentlichung der *Xenia* und *Apophoreta* (Geschenke anlässlich der Saturnalien; später als Buch XIII und XIV der Epigramme bezeichnet)
86–96 n. Chr.	Veröffentlichung von Buch I-XI der Epigramme
98 n. Chr.	Rückkehr nach Bilbilis, finanziert durch Plinius den Jüngeren, auf sein Landgut, das Geschenk einer reichen Mäzenin
101 n. Chr.	Veröffentlichung von Buch XII der Epigramme
ca. 104 n. Chr.	Tod in Bilbilis

Literatur in Rom zur Zeit Martials

Die Literatur in Rom war zu Lebzeiten Martials viel reichhaltiger, und es ist auch weit mehr erhalten als hier aufgelistet. Die genannten Personen waren Förderer Martials oder dürften es gewesen sein, sei es durch Kontakte oder finanzielle Unterstützung.

• Seneca ca. 4–65 n. Chr.	geboren in der Provinz Hispania, Autor philosophischer Schriften und Tragödien
• Lukan ca. 30–65 n. Chr.	geboren in der Provinz Hispania, Neffe Senecas, Dichter des historischen Epos *De bello civili* (C. Iulius Caesar gegen Pompeius)
• Quintilian ca. 35–ca. 100 n. Chr.	geboren in der Provinz Hispania, Redner, Rhetoriklehrer, Autor des 12-bändigen rhetorischen Lehrwerks *Institutio oratoria*
• Statius ?–96 n. Chr.	Dichter zweier Epen: *Thebais* über den Zug der Sieben gegen Theben, und *Achilleis* (unvollendet); ferner *Silvae*: Sammlung von Gelegenheitsgedichten
• Silius Italicus ca. 25–ca. 100 n. Chr.	Autor des historischen Epos *Punica* über den Zweiten Punischen Krieg
• Juvenal ca. 58–ca. 130 n. Chr.	Dichter von Satiren
• Plinius d. J. 61–113/115 n. Chr.	Senator, Statthalter Kaiser Trajans, Autor eines umfangreichen Werks von Kunstbriefen mit wichtigen Informationen über seine Zeit

Die römischen Kaiser zur Zeit Martials und ihre wichtigsten Bauten in Rom

37–41 n. Chr. Herrschaft von Kaiser Caligula

41–54 n. Chr. Herrschaft von Kaiser Claudius
- Bau von Aquädukten in Rom und Umgebung
- Bau der Fernstraße Via Claudia von Oberitalien über die Alpen bis Donauwörth
- Kanalbau am Fuciner See
- Errichtung von *porticus* und Bogen auf dem Marsfeld

54–68 n. Chr. Herrschaft von Kaiser Nero (unter Vormundschaft Senecas bis ca. 60 n. Chr.)
- Nerothermen auf dem Marsfeld
- Brand Roms (64 n. Chr.), danach Bau der *domus aurea* (gigantischer Palast Neros vom Palatin bis zum Esquilin)

68/69 n. Chr. Vierkaiserjahr nach Neros Ermordung; Ende der seit Augustus herrschenden julisch-claudischen Dynastie

69–96 n. Chr. Flavische Dynastie

69–79 n. Chr. Herrschaft von Kaiser Vespasian
- *templum pacis* in der Nähe des Forum Romanum
- Amphitheatrum Flavium (auch „Kolosseum" genannt, 80 n. Chr. von Kaiser Titus eingeweiht) auf dem Areal von Neros *domus aurea*

79–81 n. Chr. Herrschaft von Kaiser Titus
- Titusthermen in der Nähe des Amphitheatrum Flavium

81–96 n. Chr. Herrschaft von Kaiser Domitian
- Odeion (Konzert-/Theaterhaus) auf dem Marsfeld
- *templum Iovis custodi*s auf dem Kapitol
- Triumphbogen für den vergöttlichten Kaiser Titus am Rand des Forum Romanum
- Ausbau des Stadions auf der heutigen Piazza Navona
- Tempel des Vespasian und des Titus auf dem Forum Romanum
- Ausbau des Palastes auf dem Palatin
- Reiterstatue auf dem Forum Romanum
- *ludus magnus* (Gladiatorenschule) neben dem Amphitheatrum Flavium
- *forum transitorium* (97 n. Chr. von Kaiser Nerva eingeweiht) neben dem Forum Romanum

96–98 n. Chr. Herrschaft von Kaiser Nerva

98–117 n. Chr. Herrschaft von Kaiser Trajan
- Ausbau des *portus Traiani* (Hafen) nördlich von Ostia
- Bau weiterer Aquädukte in Rom und Umgebung
- Trajansthermen in der Nähe des Amphitheatrum Flavium
- *forum Traiani* mit Trajanssäule in der Nähe der bisher entstandenen Foren

3 Rom zur Zeit Martials

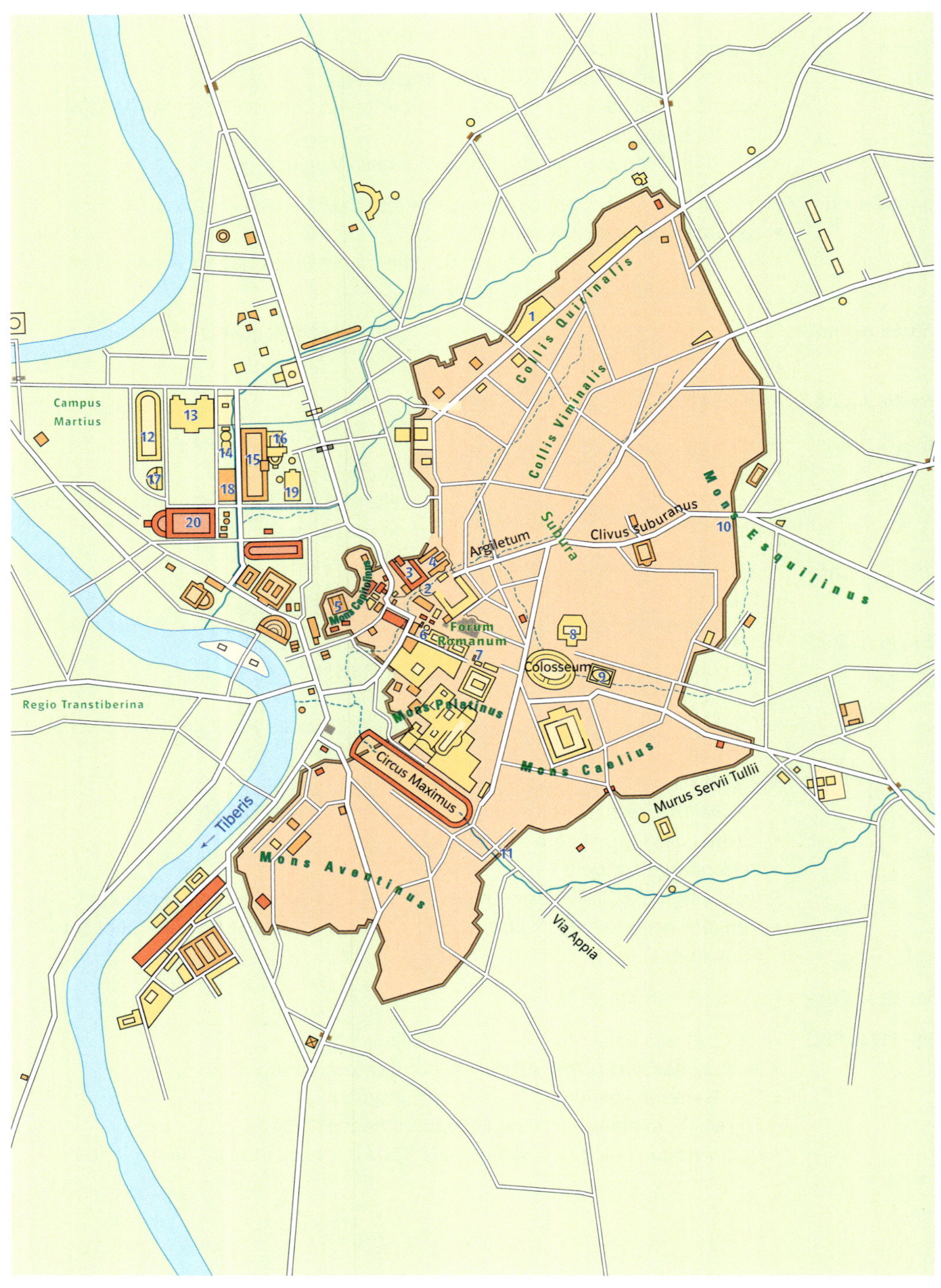

Stadtplan von Rom zur Zeit Martials

Abgebildete Gebäude

1 Quirinus-Tempel
2 Forum Transitorium
3 Forum Iulium
4 Forum Augusti
5 Jupitertempel
6 Vespatempel
7 Titusbogen
8 Titusthermen
9 Ludus Magnus (Gladiatorenschule)
10 Porta Esquilina
11 Porta Capena
12 Domitianstadion
13 Nerothermen
14 Pantheon
15 Saepta Iulia
16 Isistempel
17 Odeion
18 Agrippathermen
19 Porticus Divorum
20 Pompeiustheater

Detailplan des Marsfelds → S. 26

Martials Leben in Rom

Martial kam noch unter Kaiser Neros Herrschaft nach Rom, wohl gegen 63 oder 64 n. Chr. Sein erstes Werk, der *liber spectaculorum* („Das Buch der Schauspiele“) erschien im Jahre 80 n. Chr. Wir wissen nicht genau, was er in der Zwischenzeit gemacht hat. Vielleicht war er Anwalt? Womöglich hatte er in den gut fünfzehn Jahren schon Ruhm erlangt? Er selbst nämlich schreibt im ersten Epigramm, er sei in der ganzen Welt bekannt (Epigramm 1,1,2: *toto notus in orbe Martialis*). Aber sicher ist das keineswegs, denn man fragt sich: Wenn er so bekannt war, wieso war er dann immer schon so arm, wie er selbst betont (Epigramm 5,13,1–2)?
Zu seiner angeblichen Armut passt allerdings auch seine erste Wohnung unter dem Dach (Epigramm 1,108,3), zumindest so, wie er sie beschreibt: Man erreiche sie nur über drei steile Treppen (Epigramm 1,117,7). Martial wohnte also im preiswerten Segment eines hohen Mietshauses, einer *insula*, und das offenbar auf einem Hügel. Denn von der Subura (→ Stadtplan, S. 8) musste er einen steilen Weg hinaufgehen (Epigramm 5,22,6). Aber die Aussicht von seiner Dachkammer muss schön gewesen sein, denn von dort konnte er die Lorbeerbäume auf dem *campus Agrippae* sehen (Epigramm 1,108,3). Dieser war eine von M. Vipsanius Agrippa unter Augustus errichtete riesige Grünanlage und erstreckte sich vom Brunnen des Aquäduktes Aqua Virgo auf dem Marsfeld (→ Plan S. 26) bis auf den Quirinal. Hier wohnte Martial, und zwar beim Tempel des Quirinus (Epigramm 10,58,10 → Stadtplan S. 8). „Quirinus“ – so nannten die Römer ihren Stadtgründer Romulus nach seiner Vergöttlichung. In der Nähe des Quirinus-Tempel befand sich auch das *Capitolium vetus* (Epigramm 5,22,4), ein sehr altes Heiligtum für die kapitolinischen Götter Jupiter, Juno und Minerva. Später hatte Martial auf dem Quirinal sogar ein eigenes Häuschen (Epigramm 9,18). Hier verbrachte er mitten in der pulsierenden Stadt sein Leben, bis er in seine hispanische Heimat zurückkehrte.

1 Martial und Rom

Uns Lesern empfiehlt Martial sein drittes Buch, gleichsam mit seiner Ankunft in Rom. Denn im Gegensatz zu den ersten beiden Büchern, die er in Rom verfasste, sei dieses in der *Gallia togata* entstanden, in der gallischen Provinz des heutigen Norditaliens, die ihren Namen nach den römischen Togen erhielt, aber auch schlicht *Gallia cisalpina* genannt wurde.
Im zweiten Epigramm (6,60) formuliert Martial Hoffnungen und Erwartungen, wie das Publikum in Rom auf seine Werke reagiert.

SPRACHLICHE UND INHALTLICHE VORERSCHLIESSUNG

1 Stelle aus folgendem Epigramm alle Ausdrücke zusammen, die Martials neues Buch betreffen, und alle, die sich auf den Leser beziehen.

Epigramm 3,1

Hoc tibī, quidquid id est, longinquīs mittit ab ōrīs
Gallia Rōmānae nōmine dicta togae.
Hunc legis et laudās librum fortāsse priōrem:
Illa vel haec mea sunt, quae meliōra putās.
Plūs sānē placeat, domina quī nātus in urbe est:
Dēbet enim Gallum vincere verna liber.

ōra, -ae *f.*: Gegend
verna, -ae *m.*: Haussklave, *Apposition zu* liber, *daher hier*: inländisch, d.h. aus Rom

1 quidquid id est: was auch immer für eine Bedeutung es hat – **3 priōrem**: *ergänze* librum – **5 domina**: *zu verwenden wie ein Adjektiv zu* urbe: herrschend – **quī** *verallgemeinernd*: jedem, der – **6 Gallum**: *gemeint:* librum

GRUND- UND LERNWORTSCHATZ

longinquus, -a, -um	weit entfernt; fern
dīcere, dīcō, dīxī, dictum	sagen, nennen, bezeichnen
sānē *Adv.*	gewiss, sicherlich

SPRACHLICHE UND INHALTLICHE VORERSCHLIESSUNG

2 Nenne alle Verben des folgenden Epigramms und entwickle eine erste Vermutung über die Bedeutung Roms für Martial.

Epigramm 6,60

Laudat, amat, cantat nostrōs mea Rōma libellōs
mēque sinūs omnēs, mē manus omnis habet.
Ecce rubet quīdam, pallet, stupet, ōscitat, ōdit.
Hoc volō: Nunc nōbīs carmina nostra placent.

rubēre, -eō: erröten
pallēre, -eō: erblassen
ōscitare, -ō: mit offenem Munde dastehen

ANALYSE UND INTERPRETATION

3 Paraphrasiere, ausgehend vom lateinischen Text der beiden Epigramme, welche Bedeutung Rom für Martial hat.

4 Weise nach, mit welchen Stilmitteln Martial diese Bedeutung Roms untermauert (→ S. 68–71). Für Spezialisten: Beziehe in die Darlegung auch die metrische Analyse ein (→ S. 72–74).

GRUND- UND LERNWORTSCHATZ

libellus, libellī *m.*	Büchlein
sinus, sinūs *m.*	Bausch der Toga; Krümmung, Bucht
stupēre, stupeō, stupuī	erstarrt sein, verblüfft sein; staunen
ōdisse, ōdī	hassen

Das nächste Epigramm ist an den letzten Kaiser der Flavier, Domitian, gerichtet. Seit 85 n. Chr. ließ dieser sich auch Germanicus nennen. Im Nachhinein – und nicht zu Unrecht – hatte er keinen guten Ruf. Viele seiner Zeitgenossen sahen das offenbar anders.

SPRACHLICHE UND INHALTLICHE VORERSCHLIESSUNG

5 Nenne alle Substantive des folgenden Epigramms und beschreibe daraufhin versuchsweise Martials Bild von Rom.

Epigramm 7,61

Abstulerat tōtam temerārius īnstitor urbem
 inque suō nullum līmine līmen erat.
Iussistī tenuīs, Germānice, crēscere vīcōs,
 et modo quae fuerat sēmita, facta via est.
Nūlla catēnātīs pila est praecīncta lagōnīs
 nec praetor mediō cōgitur īre lutō,
stringitur in dēnsā nec caecā novācula turbā
 occupat aut tōtās nigra popīna viās.
Tōnsor, cōpo, cocus, lanius sua līmina servant.
 Nunc Rōma est, nūper māgna taberna fuit.

temerārius, -a, -um: rücksichtslos
īnstitor, -ōris *m.*: Verkäufer, Straßenhändler
tenuis, -e: eng, schmal
vīcus, -ī *m.*: Straße
modo *Adv.*: soeben noch
sēmita, -ae *f.*: Gasse
pila, -ae *f.*: (Tür-)Pfosten
catēnātus, -a, -um: angekettet
praecingere, -ō, -cīnctum: umhängen
lagōna, -ae *f.*: Krug
lutum, -ī *n.*: Schlamm
novāculum, -ī *n.*: Dolch
popīna, -ae *f.*: Imbiss
tōnsor, -ōris *m.*: Friseur
cōpo, -ōnis *m.*: Wirt
cocus, -ī *m.*: Koch
lanius, -ī *m.*: Metzger, Fleischer
taberna, -ae *f.*: Laden

3 **tenuīs** = tenuēs (Akk. Pl.)

ANALYSE UND INTERPRETATION

6 Beschreibe, welchen Eindruck du nach der Lektüre der drei Epigramme von der Stadt Rom erhalten hast. Begründe diesen Eindruck anhand der lateinischen Texte.

7 Vergleiche Städte, die du faszinierend findest, mit Martials Rombild. Nenne Gemeinsamkeiten und Unterschiede.

GRUND- UND LERNWORTSCHATZ

auferre, auferō, abstulī, ablātum	wegnehmen, entreißen, an sich reißen
līmen, līminis *n.*	Schwelle, Türschwelle
cōgere, cōgō, coēgī, coāctum	zwingen
stringere, stringō, strīnxī, strictum	ziehen, zücken
dēnsus, -a, -um	dicht
caecus, -a, -um	blind
niger, nigra, nigrum	schwarz

2 Ein Vormittag in Rom

1 Die leidigen Pflichten

Wir wollen Martial einen ganzen Tag lang in Rom begleiten. Wie die meisten Menschen dürfte auch er sich frühmorgens nach dem Aufstehen überlegt haben, was der Tag ihm bringen wird. Verpflichtungen waren selbstverständlich: Als Dichter, der seinen Ruhm in Rom verbreitet sehen und vielleicht auch Geld verdienen wollte, war ein Gang zu seinem Verleger unvermeidlich. Außerdem gehörte es als Klient (*cliens*) zu seinen Aufgaben, einem Patron (*patronus*) seine Aufwartung zu machen, in diesem Fall den Herren Gallus, Paulus und Sextus. Zumindest inszeniert Martial diese Pflicht ...

SPRACHLICHE UND INHALTLICHE VORERSCHLIESSUNG

1 Stelle alle Aussagen über Martial zusammen, die du in dem Epigramm findest.

Epigramm 1,108

Est tibī – sitque, precor, multōs crēscatque per annōs –
pulchra quidem, vērum Trānstiberīna domus:
At mea Vīpsānās spectant cēnācula laurūs,
factus in hāc ego sum iam regiōne senex.
Migrandum est, ut māne domī tē, Galle, salūtem:
Est tantī, vel sī longius illa foret.
Sed tibī nōn multum est, ūnum sī praestō togātum:
Multum est, hunc ūnum sī mihī, Galle, negō.
Ipse salūtābō decuma tē saepius hōra:
Māne tibī prō mē dīcet „havēre" liber.

cēnāculum, -ī *n.*: Dachkammer
est tantī: es ist der Mühe wert
praestāre, -ō: bieten, vorweisen
togātum: *ergänze* clientem: einen in Toga gekleideten Klienten
havēre: „Guten Morgen!"

2 **Trānstiberīnus, -a, -um**: Gebiet jenseits des Tibers *(heute Trastevere), galt als eine Gegend der einfachen Leute.* – 3 **Vīpsānae laurūs (laurus, -ūs** *f.*): Vipsanische Lorbeerbäume, *stehen für die Gärten des M. Vipsanius Agrippa, des Freundes, Schwiegersohns und designierten Nachfolgers von Kaiser Augustus. Sie befanden sich auf dem Quirinal, wo Martial wohnte; er konnte von seinem Fenster darauf blicken.* – 6 **illa**: *gemeint:* domus – **foret** = esset – 9 **decuma (= decima) hōra**: *nach heutiger Zeitrechnung gegen 16 Uhr, in jedem Fall nach dem Mittagessen*

GRUND- UND LERNWORTSCHATZ

precārī, precor, precātus sum	bitten, (er)flehen
crēscere, crēscō, crēvī	wachsen; gedeihen
vērum *Adv.*	aber
fierī, fiō, factus sum	werden; geschehen
migrāre, migrō, migrāvī	(umher)wandern; reisen; ziehen
māne *Adv.*	frühmorgens
domī *Adv.*	zuhause

ANALYSE UND INTERPRETATION

2 Arbeite am lateinischen Text die Argumente heraus, mit denen Martial seinen Widerstand gegen die *salutatio* begründet.
3 Beschreibe den Aufbau des Epigramms und nenne die verwendeten Stilmittel (→ S. 68–71). Erkläre, wie diese Stilmittel Martials Argumentation untermauern.

Patron und Klient

Heutzutage haben die Menschen in der Regel eine Kranken- und eine Rentenversicherung, in die sie monatlich einbezahlen. Dadurch wird garantiert, dass man bei Krankheiten und Unfällen finanziell abgesichert ist und auch im Alter ein Auskommen hat. Das gab es im alten Rom nicht. Dennoch existierte eine gewisse Absicherung der Menschen untereinander, nämlich durch das Verhältnis zwischen Patron (*patronus*) und Klienten (*cliens*). Der Patron hatte eine Schutzfunktion und sorgte im Krankheits-, Unglücks- oder Todesfall des Klienten für dessen medizinische, materielle oder finanzielle Versorgung und für seine Angehörigen. Nach dem Grundprinzip *do, ut des* („ich gebe, damit du gibst“) war aber auch der Klient zu einer Gegenleistung verpflichtet. So empfing der Patron, in der Regel ein vermögender Angehöriger der Oberschicht, seine Klienten jeden Morgen zur persönlichen Aufwartung (*salutatio*). Für den Patron war dies in erster Linie eine Sache des Prestiges: Mehr Klienten bedeuteten mehr Ansehen (*auctoritas*) in der Öffentlichkeit. Im Gegenzug konnten die Klienten bei der *salutatio* ihre Bedürfnisse und Nöte vortragen und erhielten Unterstützung. Darüber hinaus begleiteten sie ihren Patron in der Öffentlichkeit, zum Beispiel bei Geschäften oder politischen Veranstaltungen, und sorgten bei seinen Auftritten durch ihre zahlreiche Anwesenheit für eine entsprechende öffentliche Wirkung. Zur Zeit der römischen Republik konnte der Patron sich darauf verlassen, dass seine Klienten bei Magistratswahlen oder bei Gesetzesinitiativen in der Volksversammlung für ihn stimmten.
In der Kaiserzeit entfiel diese Verpflichtung bei Wahlen für die Klienten. Dafür hatte sich in dieser Zeit der Brauch der *salutatio* zu einem immer ähnlich ablaufenden Ritual entwickelt: Die Klienten erschienen frühmorgens zur Begrüßung des Patrons in seinem Haus und erhielten dafür ein kleines (finanzielles) Geschenk. Oft begleiteten sie ihn auf das Forum oder zu anderen öffentlichen Plätzen, da die politischen Möglichkeiten, seine *auctoritas* zur Schau zu stellen, in der Kaiserzeit sehr begrenzt waren.
Viele Klienten hatten mehrere Patrone gleichzeitig. Da auch Martial als Literat von der Unterstützung finanzkräftiger Patrone abhängig war, waren für ihn solche Besuche enorm wichtig – zumindest in seiner Darstellung …

SPRACHLICHE UND INHALTLICHE VORERSCHLIESSUNG

4 Stelle aus folgendem Epigramm (5,22) alle geographischen Angaben zusammen und vollziehe die Route Martials anhand des Stadtplans nach.
5 Stelle aus folgenden beiden Epigrammen alle Begriffe zum Sachfeld „Klientelwesen“ zusammen.

Epigramm 5,22

Māne domī nisi tē voluī meruīque vidēre,
sint mihī, Paule, tuae longius Ēsquiliae.
Sed Tiburtīnae sum proximus accola pilae,
quā videt antīcum rūstica Flōra Iovem:
Alta Subūrānī vincenda est sēmita clīvī
et numquam siccō sordida saxa gradū,
vixque dātur longās mūlōrum rumpere mandrās
quaeque trahī multō marmora fūne vidēs.
Illud adhūc gravius, quod tē post mīlle labōrēs,
Paule, negat lassō iānitor esse domī.
Exitus hic operis vānī togulaeque madentis:
Vix tantī Paulum māne vidēre fuit.
Semper inhūmānōs habet officiōsus amīcōs:
Rēx, nisi dormieris, nōn potes esse meus.

Wenn ich es nicht gewollt und verdient hätte, dich frühmorgens zu sehen, Paulus, so soll dein Esquilin ruhig noch weiter weg liegen. Ich aber wohne ganz nah am Tiburtinischen Pfeiler, wo die ländliche Flora den alten Jupiter sieht: Den steilen Pfad aus der Subura hügelaufwärts muss ich bezwingen und die schmutzigen Steine mit niemals trockenem Fuß. Und es wird einem kaum die Möglichkeit gegeben, die langen Schlangen der Maultiere zu durchbrechen und die Marmorblöcke, die mit vielen Seilen – du kannst es sehen – gezogen werden. Härter noch ist, dass nach tausenderlei Mühen, Paulus, dein Türsteher mir in meiner Erschöpfung sagt, du seist gar nicht zuhause. Das ist dann das Ergebnis vergeblicher Arbeit und einer triefend nassen Toga. Es lohnte gar nicht der Mühe, Paulus frühmorgens zu sehen. Stets hat ein pflichtbewusster Mensch unhöfliche Freunde: Mein Patron jedenfalls, kannst du, wenn du nicht geschlafen hast, nicht sein.

3–4 *Martials Wohnung auf dem Quirinal lag in der Nähe des Quirinustempel und des Capitolium vetus, eines Tempels, in dem wie auf dem Kapitol Jupiter, Juno und Minerva verehrt wurden. Weiterhin in der Nähe, aber schon außerhalb der Servianischen Stadtmauer, lag der Tempel der Flora. Martial musste also erst vom Quirinal in die Subura hinabgehen, um von dort auf den Esquilin hochzusteigen.*

Epigramm 2,55

Vīs tē, Sexte, colī: Volēbam amāre.
Pārendum est tibī: Quod iubēs, colere;
sed sī tē colō, Sexte, nōn amābō.

2 **tibī**: *kein Dativus auctoris* – **Quod**: *hier:* wie – **colere** = coleris (*2. P. Sg. Ind. Präs. Pass.*)

GRUND- UND LERNWORTSCHATZ

colere, colō, coluī, cultum	pflegen, bebauen, ehren
iubēre, iubeō, iussī, iussum	befehlen

ANALYSE UND INTERPRETATION

6 Stelle aus den drei Epigrammen in Kapitel 2.1 die Argumente zusammen, mit denen Martial seinen Widerstand gegen die *salutatio* begründet.

7 Beschreibe in eigenen Worten, wie sich für Martial das Verhältnis zwischen Patron und Klient darstellt.

8 Erläutere, welche Einrichtungen heutzutage die Aufgaben des Patrons übernehmen.

2 Leben und Leiden in der Subura

Martial lebte auf dem Quirinal, wo die Wohnverhältnisse denen in der Subura ähnelten. Seine Umgebung waren also die „einfachen Leute", die sich im Gegensatz zur „upper class" des senatorischen Adels und des zweiten Standes der Ritter (*equites*) um ihren täglichen Lebensunterhalt kümmern mussten und durchaus Hunger und Armut kannten. Vor diesem Hintergrund wird die Kritik, die Martial im ersten der folgenden beiden Epigramme an einem Hausbesitzer namens Tongilianus übt, verständlich.

Die Subura

Martial widmet sich in seinen Epigrammen insbesondere den Menschen, die nicht den reicheren Schichten angehörten. Er bewegte sich daher oft in der Subura, demjenigen Stadtteil, der zwischen Viminal, Esquilin, Forum Romanum und Quirinal lag (→ Stadtplan S. 8), also ganz in der Nähe seiner Wohnung. Caesar hatte bewusst seinen Wohnsitz hierhin verlegt, um seine Verbundenheit mit den niederen Schichten zu bekunden.

In der Subura zu leben, war aus mehreren Gründen unangenehm: Die Häuser waren sogenannte *insulae* (große Mehrfamilienhäuser), die bis zu sechs Stockwerke hoch waren. Bei Hausbränden konnte man aus den obersten Stockwerken kaum entkommen. Die obersten Wohnungen waren daher auch die preiswertesten. Und Brände kamen oft vor: Dies bezeugt die heute noch stehende Brandschutzmauer, die das Forum Augusti schützen sollte.

Weiterhin lag die Subura in einer Talsenke. Martial beschreibt die Straßen als klein und steil (Epigramm 5,22,5). Im Sommer muss es hier stickig, drückend heiß und kaum erträglich gewesen sein.

Comicartige Darstellung einer Straßenszene in der Subura

SPRACHLICHE UND INHALTLICHE VORERSCHLIESSUNG

1 Nenne alle Verben des folgenden Epigramms und stelle daraufhin Vermutungen an, wie Martials Kritik an Tongilianus lautet.

Epigramm 3,52

Ēmpta domus fuerat tibī, Tongiliāne, ducentīs:
    Abstulit hanc nimium cāsus in urbe frequēns.
Cōnlātum est deciēns. Rogō, nōn potes ipse vidērī
    incendisse tuam, Tongiliāne, domum?

ducentī, -ae, -a: *eigentlich 200, hier:* für eine riesige Menge (an Sesterzen)
deciēns: zehnmal so viel, *hier*: zig mal so viel (Sesterzen)

GRUND- UND LERNWORTSCHATZ

emere, emō, ēmī, ēmptum	kaufen
nimium *Adv.*	zu sehr
cāsus, cāsūs *m.*	Fall, Zufall; Unglück
cōnferre, cōnferō, cōntulī, cōnlātum/collātum	zusammentragen, aufbringen, vergleichen
incendere, incendō, incendī, incēnsum	anzünden

Aus solchen Beobachtungen kann Martial folgende Schlussfolgerung für einen gewissen Aemilianus ziehen.

SPRACHLICHE UND INHALTLICHE VORERSCHLIESSUNG

2 In folgendem Epigramm wird ein Gegensatz aufgebaut. Benenne diesen Gegensatz und das Thema des Epigramms.

Epigramm 5,81

Semper pauper eris, sī pauper es, Aemiliāne:
    Dantur opēs nūllīs nunc nisi dīvitibus.

GRUND- UND LERNWORTSCHATZ

pauper, *Gen.* pauperis	arm
opēs, opum *f. Pl.*	Reichtum
dīves, dīvitis	reich

ANALYSE UND INTERPRETATION

3 Gib, ausgehend von den beiden vorigen Epigrammen, die Haltung wieder, die Martial zum Reichtum einnimmt, und vergleiche sie mit deinen eigenen Ideen zum Thema des Gedichts.

4 Untersuche, inwiefern Martial in beiden Epigrammen seine Kritik mit Stilmitteln (→ S. 68–71) unterstützt.
Für Spezialisten: Beziehe in die Untersuchung auch die metrischen Mittel (→ S. 72–74) ein.

5 Recherchiere, z. B. im Internet, Beispiele aus der heutigen Zeit, die Martials Standpunkt bestätigen oder widerlegen, und nimm selbst Stellung.

Medizin in der Antike

„McDreamy", „Dr. Sheppard", „McSexy" und alle anderen aus der Fernsehserie „Grey´s Anatomy" sind mehr oder weniger einfühlsame, fürsorgliche, auf jeden Fall aber brillante Ärzte, Halbgötter in Weiß. In vielerlei Hinsicht sind heutzutage Ärzte und die medizinische Forschung hoch angesehen. Wie aber war die Situation im alten Rom?

Wenn Häuser in der Subura zusammenbrachen oder verbrannten, wie das des Tongilianus (→ Epigramm 3,52), mussten die Opfer medizinisch versorgt werden. Und natürlich benötigten die Menschen dort auch im Alltag medizinische Versorgung. Doch Halbgötter wie „McDreamy" konnten sie sich nicht leisten. Sie waren auf die Unterstützung ihres Patrons angewiesen.

Von wem wurden die Römer medizinisch versorgt? Wenn sie Glück hatten, von Griechen. Denn die Wurzeln der wissenschaftlich systematisch betriebenen Medizin liegen in der klassischen Antike Griechenlands. Dort gab es drei Zentren: die griechische Insel Kos, Epidauros auf der Halbinsel Peloponnes und später Alexandria im hellenisierten Ägypten. Insbesondere im Asklepiosheiligtum auf Kos und später in Alexandria wurde die medizinische Forschung intensiv und wissenschaftlich vorangetrieben. Man sezierte den menschlichen Körper und studierte ihn. Daraus entwickelten die Ärzte entsprechende Therapien. Im Asklepiosheiligtum von Epidauros führte man dagegen intensive Diagnosegespräche, aus denen ganzheitliche Therapien abgeleitet wurden, z. B. Wasserkuren und ausgewogene Diäten.

Als die Römer im Laufe des zweiten Jahrhunderts v. Chr. mit dem griechischen Osten in engeren Kontakt gekommen waren und ihn schließlich erobert hatten, lernten sie auch die medizinischen Leistungen der Griechen kennen. Medizinische Fachleute kamen als Kriegsgefangene oder Sklaven aus dem griechischen Osten nach Rom. Man kann aber davon ausgehen, dass sich nur (oder zumindest vorwiegend) gut betuchte Römer solche Fachleute leisten konnten.

Trotzdem beklagt sich der Schriftsteller Plinius der Ältere (23/24–79 v. Chr.) über das Gewinnstreben dieser Ärzte, über die fehlende Einheitlichkeit ihres Urteils und die Ineffizienz ihrer Tätigkeit. Wenn schon die höheren Schichten über derartige Erfahrungen klagten, dürfte es in der Subura noch schlimmer zugegangen sein. Tatsächlich waren die Zustände mit der Zeit offenbar so besorgniserregend geworden, dass sich zwei Generationen nach Martial der Kaiser Antoninus Pius (138–161 n. Chr.) zu einer systematischen Neuerung gezwungen sah: Er stellte vierzehn Ärzte ein, eine für jede der vierzehn Regionen der Stadt Rom. Diese wurden, auch in der folgenden Zeit, aus der kaiserlichen Kasse bezahlt. Als besoldete Ärzte wurden sie zum Vorbild anderer Städte im römischen Imperium.

Von einer systematischen medizinischen Versorgung, wie sie die Kaiser etwa 50 Jahre später umzusetzen versuchten, war Martials Umgebung weit entfernt. Er selbst hat seine eigenen Eindrücke von der „Kunstfertigkeit" der Ärzte.
Die beiden folgenden Epigramme handeln vom Berufswechsel eines gewissen Diaulus, dessen doppelte Tätigkeit schon im Namen verborgen zu sein scheint: Im Griechischen bezeichnet das Wort *díaulos* den „doppelten Lauf" eines Läufers, der die Strecke im Stadion zweimal durchlaufen muss.

SPRACHLICHE UND INHALTLICHE VORERSCHLIESSUNG

6 Nenne alle Substantive der folgenden beiden (sehr ähnlichen) Epigramme und stelle daraufhin Vermutungen an, wie Martials Kritik an Diaulus lautet.

Epigramm 1,47

Nūper erat medicus, nunc est vispillo Diaulus
Quod vispillo facit, fēcerat et medicus.

medicus, -ī *m.*: Arzt
vispillo, -ōnis *m.*: Leichenträger

Epigramm 1,30

Chīrūrgus fuerat, nunc est vispillo Diaulus:
Coepit, quō poterat, clīnicus esse modō.

vispillo, -ōnis *m.*: Leichenträger
clīnicus, -ī *m.*: jemand, der Menschen auf die (Leichen-)Bahre legt

GRUND- UND LERNWORTSCHATZ

incipere, incipiō, coepī, inceptum	beginnen, anfangen
modus, modī *m.*	Art, Weise

7 Untersuche, inwiefern Martial in den beiden Epigrammen seine humoristische Beobachtung mit Stilmitteln (→ S. 68–71) unterstützt.
Für Spezialisten: Beziehe in die Untersuchung auch die metrischen Mittel (→ S. 72–74) ein.

In den engen Gassen der Subura, in den hohen *insulae* mit ihren kleinen Wohnungen und dem allgegenwärtigen Schmutz konnten sich Seuchen wie Malaria, die Pest und andere ansteckende Krankheiten reich entfalten. Eine ausgewogene und gesunde Ernährung war kaum möglich, eine ausreichende Mund- und Zahnhygiene gab es nicht. So spottet Martial über alte Frauen namens Aelia und Maronilla ebenso wie über die Prostituierten Tháis und Leucania (die „Schneeweiße"). Alle vier Damen kannte Martial wohl aus seiner Umgebung. Tháis und Leucania trugen, wie die meisten Prostituierten, griechische Namen. Wahrscheinlich hießen sie in Wirklichkeit nicht so: Ihre Namen dürften eher „Künstlernamen" gewesen sein.

SPRACHLICHE UND INHALTLICHE VORERSCHLIESSUNG

8 Stelle aus folgenden vier Epigrammen alle Begriffe zusammen, die mit dem menschlichen Körper zu tun haben, und entwickle daraus Vermutungen über die Beschwerden von Aelia, Tháis, Laecania und Maronilla.

Epigramm 1,19

Sī meminī, fuerant tibī quattuor, Aelia, dentēs:
  Expulit ūna duōs tussīs et ūna duōs.
Iam sēcūra potes tōtīs tussīre diēbus:
  Nīl istīc, quod agat, tertia tussis habet.

expellere, -ō, -pulī: ausschlagen
tussis, -is *f.*: Husten
tussīre, -iō: husten
nīl = nihil

2 tussīs = tussēs (*Akk. Pl.*)

GRUND- UND LERNWORTSCHATZ

meminisse, meminī + *Gen.*	sich erinnern
istīc *Adv.*	dort; dabei
agere, agō, ēgī, actum	tun, handeln

Epigramm 5,43

Thāis habet nigrōs, niveōs Laecānia dentēs.
  Quae ratio est? Ēmptōs haec habet, illa suōs.

niveus, -a, -um: (schnee-)weiß

GRUND- UND LERNWORTSCHATZ

ratio, ratiōnis *f.*	Plan, Vernunft, Erklärung

Epigramm 1,10

Petit Gemellus nūptias Marōnillae
et cupit et īnstat et precātur et dōnat.
Adeōne pulchra est? Immō foedius nīl est.
Quid ergō in illā petitur et placet? Tussit.

nūptiae, -ārum *f.*: Hochzeit
tussīre, -iō: husten, *d.h. sie ist (tod)krank*

GRUND- UND LERNWORTSCHATZ

cupere, cupiō, cupīvī	begehren
instāre, instō, institī	(be)drängen, (be)drohen, bevorstehen
precārī, precōr, precātus sum	bitten, (er)flehen
dōnāre, dōnō, dōnāvī, dōnātum	(be)schenken
adeō *Adv.*	so sehr
immō *Adv.*	im Gegenteil
placet, placuit	er/sie/es gefällt

Epigramm 3,8

„Thāida Quīntus amat.“ „Quam Thāida?“ „Thāida luscam.“
Ūnum oculum Thāis nōn habet, ille duōs.

Thāida: *Akk. Sg.* zu Thāis
luscus, -a, -um: einäugig

9 Martial wird oft als Meister der Schlusspointe beschrieben. Weise nach, inwiefern dieses Urteil durch diese vier Epigramme bestätigt wird.

10 Stell dir vor, du lebtest in Rom zur Zeit Martials. Beschreibe in einem Brief an einen Freund in Gallien deinen Eindruck vom Leben in der Subura. Beziehe dich dabei auf die bisher behandelten Epigramme Martials.

3 Buchhandel im Argiletum

Als Dichter dürfte Martial wohl für den Vormittag auch einen Besuch bei seinen Verlegern eingeplant haben. Zu seiner Zeit fand man diese traditionell im Argiletum nahe der Subura und im Forum Transitorium. In den folgenden Epigrammen widmet sich Martial dem Buchwesen im Allgemeinen, insbesondere der Auseinandersetzung mit Dichterkollegen.
Im ersten Gedicht spricht er sein Buch selbst an und will ihm mit wohlwollenden Mahnungen zum Verhalten des römischen Publikums helfen.

SPRACHLICHE UND INHALTLICHE VORERSCHLIESSUNG

1 Suche auf dem Stadtplan (→ S. 8) das Argiletum.

2 Stelle aus dem folgenden Epigramm alle Aussagen über das Publikum zusammen, das Martials Buch in Rom antreffen wird.

Epigramm 1,3

Argīletānās māvīs habitāre tabernās,
cum tibī, parve liber, scrīnia nostra vacent.
Nescīs, heu, nescīs dominae fāstīdia Rōmae:
Crēde mihī, nimium Mārtia turba sapit.
Māiōrēs nusquam rhonchī: Iuvenēsque senēsque
et puerī nāsum rhīnocerōtis habent.
Audiēris cum grande „sophōs“, dum bāsia iactās,
ībis ab excussō missus in astra sagō.
Sed tū nē totiēns dominī patiāre litūrās
nēve notet lūsūs trīstis harundo tuōs,
aetheriās, lascīve, cupis volitāre per aurās:
Ī, fuge; sed poterās tūtior esse domī.

Argīletānus, -a, -um: am Argiletum gelegen
scrīnium, -ī *n.*: Schachtel, Röhre
Mārtius, -a, -um: *Adj. zu* Mars, *hier*: des Mars
sapere, -iō: genau Bescheid wissen
rhonchus, -ī *m.*: der Klang der Nase, das (verächtliche) Schnaufen
sophōs *griech.*: Bravo
bāsium, -ī *n.*: Küsschen
ab excussō sagō: von einer ausgespannten Decke aus
totiēns: so oft
patiāre = patiāris
litūra, -ae *f.*: Korrektur
lūsus, lūsūs *m.*: Spiel, Spaß, Scherz, Spott
trīstis, -e: hier: mürrisch
harundo, -inis *f.*: Schreibgriffel
aetherius, -a, -um: himmlisch

5 Māiōrēs … rhonchī: *ergänze* sunt

GRUND- UND LERNWORTSCHATZ

mālle, mālō, māluī	lieber wollen
parvus, -a, -um	klein
vacāre, vacō, vacāvī, vacātum	leer stehen, offen stehen
fastīdium, fastīdiī *n.*	Hochmut, Anmaßung, Arroganz
turba, turbae *f.*	(Menschen-)Menge, Masse (des Volkes); Getümmel, Lärm
patī, patior, passus sum	erdulden, erleiden
lascīvus, -a, -um	ausgelassen, übermütig
tūtus, -a, -um	sicher

ANALYSE UND INTERPRETATION

3 Arbeite das Verhältnis zwischen Martials Buch, der *turba Martia* und dem Dichter heraus.

4 Nimm aus Sicht von Martials Buch Stellung zu den Aussagen des Dichters in diesem Epigramm.

Antikes Buchwesen

Da Martial erst mit vierzig Jahren mit der Publikation seiner literarischen Werke begann, muss er auch schon vorher über ein Einkommen verfügt haben. Trotzdem erweckt er den Eindruck, von seiner Dichtkunst leben zu müssen. In einem solchen Fall war es wichtig, einen finanzstarken Patron zu haben, der einem die Publikation finanzierte. In der Regel widmete der Autor ihm dann sein Werk. Martial widmete seine Epigramme unter anderem einem gewissen Fuscus (Epigramm 7,28) und seinem Freund Terentius Priscus (*praefatio* zu Buch 12).

Da es damals noch keinen Buchdruck gab, musste das Originalmanuskript von Hand kopiert werden. Dafür gab es Schreibsklaven. Die Kopien wurden in den *tabernae* der Buchhändler (*bibliopoles*) verkauft. Einer von Martials Buchhändlern ist bekannt: Tryphon, dem Namen nach ein Grieche, der auch die Arbeiten des Rhetoriklehrers Quintilian (35–96 v. Chr.) vertrieb.

Die Bücher (*libri*) waren Buchrollen aus empfindlichem Papyrus. Damit diese keinen Schaden nahmen – etwa dadurch, dass die Kunden sie in die Hand nahmen und lasen – wurden sie in Röhren (*scrinia*) aufbewahrt und in Regalen gestapelt. Auf den *scrinia* stand der Titel und oft auch eine geraffte Zusammenfassung des Inhalts. Damit der Käufer einen weiteren Eindruck nicht nur vom Inhalt, sondern auch vom Schreibstil des jeweiligen Autors gewinnen konnte, wurden Schreibproben ausgelegt oder ausgehängt. Zu Werbezwecken rezitierten die Autoren auch öffentlich aus ihren Werken. Diese Dichterlesungen fanden an stark frequentierten Orten statt – wie etwa auf den verschiedenen Foren, den Basiliken oder auf Festen, die der Patron eigens zu solchen Zwecken ausrichtete.

Tintenfässchen, Schreibgriffel und Papyrusrolle auf einem Wandfresko aus Pompeji, vor 79 n. Chr.

In den folgenden Epigrammen greift Martial Dichterkollegen namens Fidentinus, Laelius, Cinna, Pontilianus, aber generell auch namenlose Konkurrenten (*quīdam*) an.

SPRACHLICHE UND INHALTLICHE VORERSCHLIESSUNG

5 Nenne aus folgenden fünf Epigrammen die Verben, die angeben, was Martials Dichterkollegen tun.

Epigramm 1,38

Quem recitās, meus est, ō Fidentīne, libellus:
Sed male cum recitās, incipit esse tuus.

libellus, -ī *m.*: *Verkleinerungsform von* liber

GRUND- UND LERNWORTSCHATZ

recitāre, recitō, recitāvī, recitātum	vorlesen
malus, -a, -um	schlecht

Epigramm 1,91

Cum tua nōn ēdās, carpis mea carmina, Laelī.
Carpere vel nolī nostra vel ēde tua.

GRUND- UND LERNWORTSCHATZ

ēdere, ēdō, ēdidī	herausgeben
carpere, carpō, carpsī, carptum	(zer)pflücken

Epigramm 3,9

Versiculōs in mē nārratur scrībere Cinna:
Nōn scrībit, cuius carmina nēmo legit.

versiculus, -ī *m.*: Verslein, Verschen

2 cuius ... legit: *Der Relativsatz erklärt das in* scrībit *enthaltene Subjekt. Man könnte auch* is *ergänzen.*

Epigramm 7,3

Cūr nōn mittō meōs tibī, Pontiliāne, libellōs?
Nē mihī tū mittās, Pontiliāne, tuōs.

Epigramm 9,97

Rumpitur invidiā quīdam, cārissime Iūlī,
quod mē Rōma legit, rumpitur invidiā.
Rumpitur invidiā, quod turba semper in omnī
mōnstrāmur digitō, rumpitur invidiā.
Rumpitur invidiā, tribuit quod Caesar uterque
iūs mihī nātōrum, rumpitur invidiā.
Rumpitur invidiā, quod rūs mihī dulce sub urbe est
parvaque in urbe domus, rumpitur invidiā.
Rumpitur invidiā, quod sum iūcundus amīcīs,
quod convīva frequēns, rumpitur invidiā.
Rumpitur invidiā, quod amāmur quodque probāmur:
Rumpātur, quisquis rumpitur invidiā.

sub urbe: am Rande der Stadt
frequēns, -entis: häufig eingeladen
probāre, -ō: anerkennen

1 (L.) Iulius (Martialis): *nicht der Dichter Martial, sondern einer seiner engsten und ältesten Freunde* – **5 Caesar uterque**: beide Kaiser, *gemeint: die Kaiser Titus und Domitian* – **6 iūs nātōrum**: das Dreikinderrecht → *„Übersicht über die Zeit Martials" (→ S. 6–7) und Infokasten „Patron und Klient" (→ S. 13)* – **9 iūcundus, -a, -um**: *hier:* beliebt

GRUND- UND LERNWORTSCHATZ

rumpere, rumpō, rupī, ruptum	zerbrechen, zerplatzen
invidia, invidiae *f.*	Neid
mōnstrāre, mōnstrō, mōnstrāvī, mōnstrātum	zeigen
digitus, digitī *m.*	Finger
rūs, rūris *n.*	Landgut; Land (Gegenteil von „Stadt")
convīva, convīvae *m.*	Gast

ANALYSE UND INTERPRETATION

6 Belege anhand der Stilmittel (→ S. 68–71) in allen fünf Epigrammen, dass Martial ein sehr ungünstiges Urteil über seine Dichterkollegen fällt.

3 Auf dem Marsfeld

1 Das *tempus otiosum*

Martial war von Kaiser Domitian zwar formal in den Ritterstand *(ordo equestris)* erhoben worden – ein Status, auf den er sehr stolz war (Epigramm 5,13). Aber ein typisches Mitglied dieses Standes war er natürlich nicht. Verpflichtende *negotia*, wie sie ein Senator oder ein Ritter hatte, dürfte er nicht gehabt haben. Was fängt Martial also mit der „freien" Zeit des Tages an, mit dem *tempus otiosum*?

Epigramm 5,20

Sī tēcum mihī, cāre Mārtiālis,
sēcūrīs liceat fruī diēbus,
sī dispōnere tempus ōtiōsum
et vērae pariter vacāre vītae:
Nec nōs ātria nec domōs potentum
nec lītīs tetricās forumque trīste
nossēmus nec imāginēs superbās;
sed gestātio, fabulae, libellī,
campus, porticus, umbra, Virgo, thermae,
haec essent loca semper, hī labōrēs.
Nunc vīvit necuter sibī, bonōsque
sōlēs effugere atque abīre sentit,
quī nōbīs pereunt et inputantur.
Quisquam vīvere cum sciat, morātur?

Wenn es mir, mein lieber Martialis, erlaubt wäre, mit dir sorgenfreie Tage zu genießen, wenn ich für die Zeit der Muße und ebenso für das richtige Leben frei wäre: Nicht die Atrien und Häuser der Mächtigen, nicht düstere Streitfälle, nicht das traurige Forum würden wir kennen, auch nicht die stolzen Ahnenbilder, sondern Flanieren, Geschichten, Büchlein, Marsfeld, Säulenhallen, Jungfraubrunnen, Thermen. Dies wären stets die Orte, dies die Arbeit. Nun lebt keiner von uns für sich selbst, und jeder fühlt, wie die guten Tage entfliehen und vergehen, die uns verloren gehen und doch angerechnet werden. Da jeder weiß, was „Leben" ist, was zögert er noch?

1 **(L. Iulius) Martialis:** *nicht der Dichter Martial, sondern einer seiner engsten und ältesten Freunde*

ANALYSE UND INTERPRETATION

1. Gliedere das Epigramm in Abschnitte und gib ihm eine Überschrift.
2. Arbeite anhand des Epigramms Martials Vorstellung von *otium* heraus.
3. Vergleiche Martials Vorstellung von *otium* mit derjenigen Ciceros aus dem folgenden Text.
4. Erkläre, was du unter „Freizeit" verstehst, und vergleiche deine Auffassung mit der Vorstellung Martials und Ciceros von *otium*.

Cicero (106–43 v. Chr.) schrieb, nachdem er aus der Verbannung zurückgekehrt, aber von den drei Großen der Republik, Pompeius, Crassus und Caesar, politisch isoliert worden war, zwischen 55 und 52 v. Chr. das Werk *De re publica*. Aus der Einleitung stammen die folgenden Zeilen.

Cicero, De re publica 1,1–1,8

(1) Ōmittō innumerābilēs virōs, quōrum singulī salūtī huic civitatī fuērunt, et quia sunt haud procul ab aetātis huius memoriā, commemorāre eōs dēsinō, nē quis sē aut suōrum aliquem praetermissum querātur. Ūnum hoc dēfīniō, tantam esse necessitātem virtūtis generī hominum ā nātūrā tantumque amōrem ad commūnem salūtem dēfendendam dātum, ut ea vīs omnia blandimenta voluptātis ōtiīque vīcerit. (...)

(1) Ich übergehe eine unermessliche Anzahl von Männern, die jeder einzelne dem Wohl dieser Gemeinschaft von Bürgern gedient haben und weil sie gar nicht lange vor unserer Zeit existierten; ich höre auf sie zu erwähnen, damit sich niemand beklagen kann, dass er oder einer der seinen übergangen worden ist. Nur das eine halte ich fest, dass für das menschliche Geschlecht von Natur tüchtiges Verhalten notwendig ist und ihm ein so großes Streben, das gemeinschaftliche Wohlergehen zu verteidigen, gegeben ist, dass diese Kraft alle Verlockungen der Lust und der Muße besiegt hat. (...)

(8) Neque enim hāc nōs patria lēge genuit aut ēducāvit, ut nulla quasi alimenta exspectāret ā nōbīs, ac tantum modo nostrīs ipsa commodīs serviēns tūtum perfugium ōtiō nostrō suppeditāret et tranquillum ad quiētem locum, sed ut plūrimās et maximās nostrī animī, ingeniī, cōnsiliī partis ipsa sibī ad ūtilitātem suam pīgnerārētur.

(8) Das Vaterland hat uns nämlich nicht nach dem Gesetz hervorgebracht und aufgezogen, dass es gleichsam gar keine Unterstützung von uns erwarte, selbst nur unserem Nutzen diene und unserer Muße einen sicheren Zufluchtsort und ein ruhiges Plätzchen zum Ausruhen böte, sondern dass es die meisten und größten Anteile unseres Geistes, unserer Begabung und unseres Denkens für sich und seinen Nutzen in Anspruch nehme.

Otium und *negotium*

„Sechs Stunden sind für Anstrengungen ausreichend. Die Stunden danach sagen in deutlichen Buchstaben zu den Menschen: Lebe." Diese Festlegung der Arbeitszeit bestimmt ein berühmtes griechisches Epigramm, dessen Urheber nicht bekannt ist. Das Ende der Arbeitszeit in der sechsten Stunde würde nach unserer Stundeneinteilung einen Zeitpunkt gegen 12 Uhr Mittag bedeuten. Für die Mitglieder des senatorischen Adels (*ordo senatorius*) waren diese Stunden, neben der *salutatio* durch die Klienten, mit den Pflichten (*officia*) eines öffentlichen Amtes gefüllt. Als juristische Fachleute waren sie oft auch als Anwälte oder Richter gefragt. Die Geschäfte oder Unternehmungen (*negotia*) des Ritterstandes (*ordo equestris*) bestanden traditionell aus dem Handels- und Geldgeschäft, das dem senatorischen Adel seit dem Zweiten Punischen Krieg (218–201 v. Chr.) zumindest offiziell verboten war. Der überwiegende Teil der Bevölkerung konnte sich eine derart großzügige Einteilung der Arbeitszeit nicht leisten. Die Notwendigkeit, das eigene Leben und das der Familie zu sichern, war für die untere und größte Schicht des Imperiums so groß, dass ihre Mitglieder bis weit nach der sechsten Stunde arbeiten mussten und sich, wenn überhaupt, erst spät am Tage dem *otium* hingeben konnten.

Dennoch: In der Stadt Rom waren die Freizeitangebote so reich und so vielfältig, dass es ein breites Publikum für sie gegeben haben muss. Wenn die Mäzene, allen voran die Kaiser, nicht mit einer großen Resonanz gerechnet hätten, hätten sie kaum derartig viele Bauten für das Freizeitvergnügen errichtet. Und Martial? Martial bestätigt das Ende der *negotia* um die sechste Stunde (Epigramm 4,8) und hatte offenbar auch selbst so viel Zeit, dass er sie an ebendiesen Orten der Entspannung und des Vergnügens verbringen konnte.

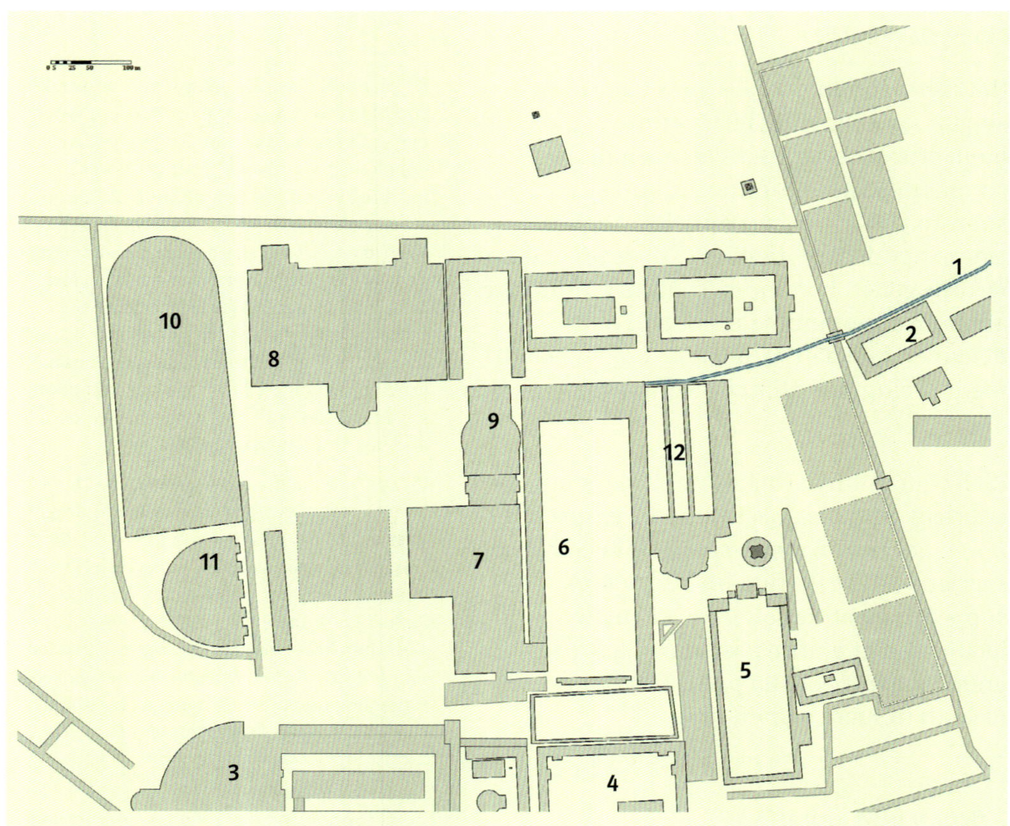

Detailplan des Campus Martius zur Zeit Martials

Abgebildete Gebäude

1 Aqua Virgo
2 Porticus Vipsania
3 Pompeiustheater
4 Porticus Minucia frumentaria
5 Porticus Divorum
6 Saepta Iulia
7 Agrippathermen
8 Nerothermen
9 Pantheon
10 Stadion des Domitian
11 Odeion
12 Isistempel

Das Marsfeld

Martial spricht von *campus, porticus, virgo* und *thermae*. Was meint er?

Das Marsfeld (*campus Martius*) und die (Aqua) Virgo sind einfach zu bestimmen: Das Marsfeld ist die ursprünglich weite Fläche nach Norden hin, an der sich später die Via Flaminia entlangzog, die Ausfallstraße nach Norden. Hier versammelten sich zur Zeit des römischen Königtums die Bürger zur Waffenmusterung. In republikanischer Zeit kam die männliche Jugend Roms hier zusammen, um Sport zu treiben, kurzum: Das Marsfeld war ein Platz, der sehr populär und stark besucht war. Hier konnte man sich bestens präsentieren. M. Vipsanius Agrippa hatte hier im Jahre 19 v. Chr. eine Brunnenanlage (**Aqua Virgo, 1**) errichten lassen. Diese Anlage war umrahmt von Bögen (*arcus*) und Säulenhallen (**Porticus Vipsania, 2**). Die Versorgung mit frischem Wasser aus den Bergen, das die Bürger Roms ohne Kosten beziehen konnten, kann man nicht hoch genug schätzen. Und gerade hier, wo sich Roms Jugend traf, präsentierte sich auf diese Weise Agrippa, der Feldherr, Freund und designierte Nachfolger des Augustus, als Förderer Roms.

Arcus Virginis initium habent sub hortis Lucullanis, finiuntur in campo Martio secundum frontem Saeptorum. „Die Bögen der Virgo haben ihren Beginn unterhalb der Gärten Lukulls, auf dem Marsfeld werden sie von der Stirnseite der Saepta begrenzt." Dies sagt uns Martials Zeitgenosse Frontinus, Aufseher über die Aquädukte Roms. Die Portiken der Aqua Virgo reichten also von der Gegend in der Nähe von Martials Wohnung bis zu den Saepta Iulia auf dem Marsfeld. Dieses Areal war mit zahlreichen Portiken (→ Infokasten S. 29) bebaut. Bereits Pompeius, der große Feldherr, zunächst Verbündeter und dann Gegner Caesars, hatte hier auf dem Marsfeld 55 v. Chr. das erste steinerne **Theater (3)** in Rom errichten lassen. Es war eingebettet in ein riesiges Areal und umrahmt von langen Portiken. An diese Säulengänge angrenzend, hatte Kaiser Claudius mit den **Porticus Minucia frumentaria (4)** frühere Portiken ausgebaut, und Kaiser Domitian errichtete zu Martials Zeiten in der Nachbarschaft die **Porticus Divorum (5)**.

Die **Saepta Iulia (6)** (→ Infokasten S. 33), früher wohl Versammlungsplatz für die Abstimmungen der *plebs*, waren von dem erwähnten Agrippa zu einem pompösen großen Platz ausgebaut und mit eindrucksvollen Portiken eingerahmt worden.

Agrippa hatte auf dem Marsfeld auch **Thermen (7)** errichten lassen. Diese boten zum ersten Mal eine große Anlage für die Öffentlichkeit und setzten sich deutlich von den zahlreichen privaten, kleinen und recht schmuddeligen Badeanlagen ab, die Rom zur Zeit der späten Republik geprägt hatten. Im Jahr 62 n. Chr. wollte Kaiser Nero seinerseits die Agrippathermen mit einer weiteren **Thermenanlage (8)**, der größten ihrer Zeit, an Größe und Pracht übertrumpfen. Diese wurden zum Vorbild für weitere, immer größere Thermenanlagen der späteren Kaiser.

Im Jahre 80 n. Chr wurden zahlreiche Gebäude auf dem Marsfeld schwer beschädigt. Kaiser Domitian nutzte die Gelegenheit, um die Gegend einem umfassenden Bauprogramm zu unterziehen. Damit setzte er nicht nur die Tradition früherer Kaiser fort, indem er deren Gebäude restaurieren ließ, nämlich das Pompeiustheater, die Agrippathermen und das **Pantheon (9)** des Agrippa (den Vorgängerbau des heute komplett erhaltenen Tempels). Vielmehr ließ er auch neue Gebäude auf dem Areal errichten, so das **Stadion (10)** auf der heutigen Piazza Navona für Rennen und Sportwettkämpfe, das **Odeion (11)** für Theater- und Musikaufführungen und einen **Isistempel (12)** für die populäre Gottheit aus Ägypten.

Spätestens seit Pompeius also hatten die Anführer Roms das beliebte Marsfeld für Bauten genutzt, um sich als Wohltäter der Römer zu präsentieren. Unter ihnen ragen Agrippa und die Kaiser Nero und Domitian heraus.

2 In den Säulenhallen

Martial erlebte eine neue Phase intensiver Bautätigkeit auf dem Marsfeld (→ Infokasten „Das Marsfeld“) mit. Durch die bisherigen Bauten war dieser Platz schon berühmt genug; Domitian steigerte seinen Glanz offenbar noch mehr. Kein Wunder also, wenn es einen Zeitgenossen dorthin zog. Martial erwähnt zunächst die *porticus*. Was er in den Säulenhallen sehen konnte, beschreibt er in den beiden folgenden Epigrammen über einen Mann griechischer Herkunft namens Philomusus und über eine gewisse Fabulla.

SPRACHLICHE UND INHALTLICHE VORERSCHLIESSUNG

1 Nenne alle Verben des folgenden Epigramms und beschreibe, wie Martial Philomusus einschätzt.

Epigramm 7,76

Quod tē dīripiunt potentiōrēs
per convīvia, porticūs, theātra,
et tēcum, quotiēns ita incidistī,
gestārī iuvat, et iuvat lavārī:
Nōlītō nimium tibī placēre.
Dēlectās, Philomuse, nōn amāris.

quod *faktisch*: die Tatsache, dass
gestāre, -ō: (in der Sänfte) tragen
iuvat: es macht Freude/Spaß
nōlītō ... placēre: es soll nicht gefallen

GRUND- UND LERNWORTSCHATZ

dīripere, dīripiō, dīripuī, dīreptum	an sich reißen, zerreißen, sich um jdn. reißen
potēns, potentis	mächtig
convīvium, convīviī *n.*	Gastmahl, Gelage
porticus, porticūs *f.*	Säulenhalle, Bogengang
quotiēns *Adv.*	sooft, wie oft
incidere, incidō, incidī	in etw. geraten, auf jdn. (zufällig) stoßen
lavāre, lavō, lāvī, lautum	baden, waschen

SPRACHLICHE UND INHALTLICHE VORERSCHLIESSUNG

2 Nenne alle Substantive des folgenden Epigramms und beschreibe, wie Martial Fabulla einschätzt.

Epigramm 8,79

Omnīs aut vetulās habēs amīcās
aut turpis vetulīsque foediōrēs.
Hās dūcis comitēs trahisque tēcum
per convīvia, porticūs, theātra.
Sīc fōrmōsa, Fabulla, sīc puella es.

vetula, -ae *f.*: altes Weib
fōrmōsus, -a, -um: von schöner Gestalt

1 omnīs = omnēs *(Akk. Pl. f.)*

GRUND- UND LERNWORTSCHATZ

turpis, turpe, *Gen.* turpis	hässlich
foedus, -a, -um	scheußlich, abstoßend
comes, comitis *m./f.*	Begleiter(in)
trahere, trahō, trāxī, tractum	ziehen, schleppen

ANALYSE UND INTERPRETATION

3 Erkläre, welches Verhalten Martial an Philomusus und Fabulla kritisiert. Begründe deine Antwort am lateinischen Text der beiden Epigramme.

4 Gliedere die beiden Epigramme nach Abschnitten und benenne die enthaltenen Stilmittel (→ S. 68–71).

5 Erkläre, wie Martial durch die Gliederung und Stilmittel seine Kritik bekräftigt.

6 Erkläre, warum Martial ein Verhalten wie das des Philomusus oder der Fabulla gerade in den *porticus* (→ Infokasten „*Porticus*") beobachten konnte. Nenne ähnliche Orte aus heutiger Zeit.

Porticus

Überdachte Säulengänge, oft mit zwei Stockwerken, hatten zuerst die Griechen, bei denen sie *stoai* hießen, als Bauform entwickelt. In der Hitze des Mittelmeers versprachen sie Kühle und einen Ort, um sich zurückzuziehen. Eine philosophische Schule, die Stoa, bezog ihren Namen von dem Gebäude. Ihre Mitglieder trafen sich dort, um zu philosophieren, zu diskutieren und zu lehren. Als die Römer im zweiten Jahrhundert v. Chr. mit dem griechischen Osten in Kontakt kamen, übertrugen sie die Bauform nach Rom und nannten sie *porticus* (das Wort ist ein Femininum der u-Deklination). Im hinteren Teil einer *porticus* befanden sich kleine Geschäfte und Läden aller Art (*tabernae*), unter anderem auch Buchläden. So konnten die Dichter in den Säulengängen öffentlich rezitieren. Redner konnten ihre Kunst zur Schau tragen. Hier traf man sich wie in einer Shopping Mall zum Einkaufen, Essen, Trinken, zu Klatsch und Tratsch oder zum Flanieren (für die Begriffe *fabulae* und *gestatio* → Epigramm 5,20, S. 24). Insofern galt auch hier das Prinzip: Sehen und gesehen werden.

Attalosstoa auf der Agora von Athen

3 In den Thermen

Badeanlagen gab es in Rom unzählige; in republikanischer Zeit befanden sich ungefähr 170 im Privatbesitz der höheren Schichten. Größere, öffentlich zugängliche Bäder gab es aber erst mit den Thermenanlagen Agrippas und Kaiser Neros auf dem Marsfeld. In der Regel besuchte man die Thermen erst später am Tag, wenn das erhitzte Wasser abgekühlt war, wohl um oder nach der achten Stunde, wie Martial in einem Epigramm (10,48) schreibt. Auch in den Thermen macht er ganz eigene Beobachtungen, so über einen Bekannten namens Iulianus, über den Redner Sabineius und über Zoilus, einen wohl verkommenen Neureichen, der oft bei Martial vorkommt.

SPRACHLICHE UND INHALTLICHE VORERSCHLIESSUNG

1 Stelle aus folgenden beiden Epigrammen alle Begriffe zum Sachfeld „Thermen" zusammen.

Epigramm 3,25

Sī temperārī balneum cupis fervēns,
Faustīne, quod vix Iūliānus intrāret,
rogā, lavētur, rhētorem Sabīneium:
Nerōniānās is refrīgerat thermās.

balneum, -ī *n.*: Bad
rhētor, -ōris *m.*: (öffentlicher) Redner, Redelehrer
refrīgerāre, -ō: kalt werden lassen

3 **lavētur**: *ergänze* ut

GRUND- UND LERNWORTSCHATZ	
temperāre, temperō, temperāvī, temperātum	mäßigen, zügeln
fervēre, ferveō, ferbuī	glühend / siedend heiß sein

ANALYSE UND INTERPRETATION

2 Recherchiere, z.B. im Internet, die Anforderungen an einen *orator perfectus*.
3 Erkläre, warum es für einen Rhetor sehr günstig war, gerade in den Thermen sein Können zu zeigen (→ Infokasten „Die Thermen Kaiser Neros").

SPRACHLICHE UND INHALTLICHE VORERSCHLIESSUNG

4 Nenne alle Substantive und Verben des folgenden Epigramms und stelle Vermutungen an, was Martial über Zoilus sagt.

Epigramm 2,42

Zōile, quid solium sublūtō pōdice perdis?
Spurcius ut fiat, Zōile, merge caput.

solium, -ī *n.*: (Wasser-)Becken
subluere, -luō, -lūtum: unten waschen
pōdex, -icis *m.*: Hinterteil
spurcus, -a, -um: schmutzig

GRUND- UND LERNWORTSCHATZ	
perdere, perdō, perdidī, perditum	zugrunde richten
mergere, mergō, mersī, mersum	(ein)tauchen

Die Thermen Kaiser Neros

„Ich habe ein kleines Baderäumchen gesehen, nach alter Gewohnheit eng und düster: Unseren Vorfahren schien etwas nicht warm, wenn es nicht dunkel war." Seneca (Epistula 86,4) schreibt dies eine Generation vor Martial. Frühere (private) Bäder waren also eng, klein, dunkel und wohl auch eher schmutzig. Tatsächlich sind gerade Kaiser Neros Thermen Bade*anlagen*, die eben nicht nur auf das Sitzen in Wasserbecken allein ausgerichtet waren. Sie waren so beeindruckend, dass Martial selbst schrieb (Epigramm 7,34): *Quid pēius Nerōne? Quid thermīs melius Nerōnis?* „Was ist schlimmer als Nero? Was besser als Neros Thermen?"

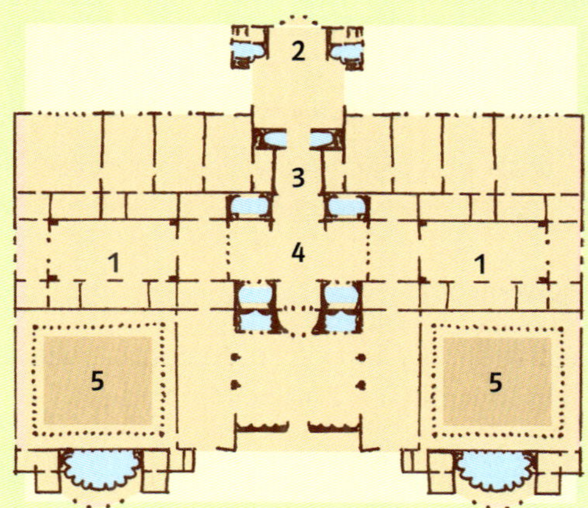

Grundriss der Nerothermen in Rom

Damit spielt Martial auf die Erfahrungen an, die die Römer mit Neros Herrschaft gemacht hatten: Natürlich war nichts schlimmer als er und seine Herrschaft. Dieser Gedanke blieb fest im Gedächtnis der Römer verankert. Doch mit diesem allgemeinen Urteil spielt Martial: So unübertroffen schlecht Neros Herrschaft war, so unübertroffen gut waren seine Thermen. So gut sogar, dass selbst die neuen Thermen von Kaiser Titus (→ Stadtplan S. 8, Nr. 8) nicht an sie heranreichten und die Nerothermen architektonisch nur nachahmten. Dies taten in späterer Zeit in Rom auch die Thermen von Kaiser Caracalla (211–217 n. Chr.) und die von Kaiser Diokletian (283–305 n. Chr.), in Trier die unter Kaiser Konstantin entstandenen Thermen (306–337 n. Chr.). Alle Kaiser suchten die Thermenanlagen ihrer Vorgänger an Größe zu übertrumpfen.

Die Nerothermen sind symmetrisch angelegt. Der Besucher betrat sie kostenfrei und gelangte in das **Apodyterium (1)**. Zu Zeiten der römischen Republik war der gleichzeitige Besuch von Männern und Frauen anrüchig, in der Kaiserzeit einmal verboten, dann wieder geduldet, erlaubt, wieder verboten und schließlich doch geduldet. Im Apodyterium legten die Besucher ihre Kleider ab. Nach Möglichkeit ließen sie sie in den Regalen oder kleineren Räumlichkeiten durch einen Sklaven bewachen, denn Diebstahl war an der Tagesordnung. Nach dem Apodyterium suchte man das ca. 60° C heiße **Caldarium (2)** auf – Neros Thermen waren für ihre Hitze bekannt –, danach das etwas weniger heiße **Tepidarium (3)** und zur Abkühlung das kalte **Frigidarium (4)**. Seit Neros Bau waren die Thermen darauf angelegt, den Römern möglichst viel zu bieten, nicht nur den konventionellen Besuch der Baderäume. Die Anlagen boten auch die Möglichkeit, in den beiden **Palaestren (5)** Sport zu treiben: Ringen, Boxen, Laufen, Springen und Ballspiel. Man konnte essen und trinken, in den Bibliotheken lesen, in angrenzenden Räumen Vorträge oder musikalische Darbietungen hören und sich massieren oder frisieren zu lassen. Caracalla und Diokletian fügten ihren Thermen zudem ein Schwimmbecken (*natatio*) hinzu. Nero aber hatte das Vorbild gegeben: Kein Wunder also, dass die Römer, wie auch Martial, davon begeistert waren.

In den Thermen mag Martial auch auf einen Caecilianus, der eine eigene Badeanlage besaß, auf einen Phoebus, der nach dem schönen Gott Phoebus Apoll benannt war, und auf einen Maximus gestoßen sein. Letzterem erzählt er von Syriscus, einem vermeintlich glücklichen Freigelassenen.

SPRACHLICHE UND INHALTLICHE VORERSCHLIESSUNG

5 Stelle aus folgenden drei Epigrammen alle Begriffe zum Sachfeld „Thermen“ zusammen und ergänze deine in den Aufgaben 1 und 4 begonnenen Wortlisten.

Epigramm 2,78

Aestīvō servēs ūbi piscem tempore, quaeris?
In thermīs servā, Caeciliāne, tuīs.

GRUND- UND LERNWORTSCHATZ

aestīvus, -a, -um	sommerlich
piscis, piscis *m.*	Fisch

Epigramm 6,57

Mentīris fictōs unguentō, Phoebe, capillōs
et tegitur pictīs sordida calva comīs.
Tōnsōrem capitī nōn est adhibēre necesse:
Rādere tē melius spongea, Phoebe, potest.

fictus, -a, -um: unecht
unguentum, -ī *n.*: Salbe
calva, -ae *f.*: Glatze
tōnsor, -ōris *m.*: Friseur
rādere, -ō: rasieren
spongea, -ae *f.*: Schwamm

GRUND- UND LERNWORTSCHATZ

mentīrī, mentior, mentītus sum	lügen, (vor)täuschen
capillus, capillī *m.*	Haar
pingere, pingō, pinxī, pictum	(be)malen
sordidus, -a, -um	schmutzig
coma, comae *f.*	Haar
adhibēre, adhibeō, adhibuī, adhibitum	hinzuziehen

Epigramm 5,70

Īnfūsum sibī nūper ā patrōnō
plēnum, Māxime, centiēns Syriscus
in sellāriolīs vagus popīnīs
circā balnea quattuor perēgit.
Ō quanta est gula, centiēns comesse!
Quantō māior adhūc, nec accubāre!

īnfundere, -ō, -fūsum: ausschütten
plēnum centiēns: volle zehn Millionen
sellāriolus, -a, -um: bestuhlt, mit Stühlen
popīna, -ae *f.*: Imbiss
balneum, -ī *n.*: Bad
peragere, -ō, -ēgī: durchbringen, vergeuden
gula, -ae *f.*: Schlund
comesse = comēdere: verschlingen, verprassen
accubāre, -ō: (zum Essen) liegen

GRUND- UND LERNWORTSCHATZ

vagus, -a, -um	umherschweifend, umherbummelnd
nec = neque *Konj.*	und nicht, auch nicht, aber nicht

ANALYSE UND INTERPRETATION

6 Schreibe einen Tagebucheintrag über einen Tag in den Thermen, in dem du die Eindrücke Martials aus den vorigen drei Epigrammen verarbeitest.

7 Erkläre anhand deiner Wortliste, warum die Thermen für Martial ein besonderer Ort des *otium* sind.

4 In den Saepta Iulia

In folgendem Epigramm begleitet Martial einen gewissen Mamurra. Vermutlich ist dieser eine von Martial erfundene Gestalt, der er allerdings nicht ohne Absicht denselben Namen wie dem Günstling Caesars gab, den Catull in seinen Gedichten mehrfach verunglimpft.

Die Saepta Iulia

In republikanischer Zeit waren die Saepta Iulia auf dem Marsfeld der Platz, auf dem sich das gemeine Volk (die *plebs*) zu Versammlungen (*comitia*) traf, um über Gesetze (*plebiscita*) und die Kandidaten für die zehn Volkstribunen abzustimmen. Seinen Namen bezog der Platz von den Schranken (*saepta*), die die einzelnen Wahlgruppen voneinander trennten, und von C. Iulius Caesar. Denn obwohl (oder gerade weil) Caesar die Volksversammlungen und den Senat letztlich ihrer politischen Funktion und Macht beraubt hatte, schmückte er diesen Platz als Kern der politischen Macht der *plebs* monumental aus. Caesar präsentierte sich stets als Wohltäter des gemeinen Volks. So schien er es auch hier zu ehren, indem er die Saepta Iulia mit großen marmornen Portiken umrahmte und diese mit Gemälden und Statuen aus Griechenland auffüllte. Spätestens zu diesem Zeitpunkt handelte es sich bei den Saepta Iulia also nicht mehr um einen Platz, sondern um eine Säulenhalle. Agrippa setzte Caesars Werk fort und ließ weitere Plastiken und Standbilder heranschaffen. Die *plebs* hatte zwar keine Macht mehr, sollte aber durch die Leistungen ihrer Wohltäter beeindruckt werden. In der Kaiserzeit entwickelte sich der Platz zu einem schmucken Ort, an dem Gladiatorenkämpfe stattfanden. Mit dem Bau des Amphitheatrum Flavium (= Kolosseum) allerdings hatte er wiederum seine Funktion verloren. Wozu sollte der Platz also zu Martials Zeiten genutzt werden?

SPRACHLICHE UND INHALTLICHE VORERSCHLIESSUNG

1 Stelle aus folgendem Epigramm (9,59) alle Angaben zu den Warenangeboten in den Saepta Iulia zusammen. Du darfst zum Verständnis die deutsche Übersetzung nutzen, aber notiere in deiner Antwort die lateinischen Begriffe.

2 Erläutere anhand dieser Angaben, worin die neue Funktion der Saepta Iulia bestand.

Epigramm 9,59

In saeptīs Māmurra diū multumque vagātus,
hīc ūbi Rōma suās aurea vexat opēs,
īnspēxit mollēs puerōs oculīsque comēdit,
nōn hōs quōs prīmae prōstituere casae,
sed quōs arcānae servant tabulāta catastae
et quōs nōn populus nec mea turba videt.
Inde satur mēnsās et opertōs exuit orbēs
expositumque altē pingue popōscit ebur,
et tēstūdīneum mēnsus quater hexaclīnon
ingemuit citrō nōn satis esse suō.
Cōnsuluit nārēs an olērent aera Corinthon,
culpāvit statuās et, Polyclīte, tuās,
et turbāta brevī questus crystallina vitrō
murrina sīgnāvit sēposuitque decem.
Expendit veterēs calathōs et sī quā fuērunt
pōcula Mentoreā nōbilitāta manū,
et viridīs pictō gemmās numerāvit in aurō,
quidquid et ā niveā grandius aure sonat.
Sardonychās vērō mēnsā quaesīvit in omnī
et pretium māgnīs fēcit iaspidibus.
Ūndecimā lassus cum iam discēderet horā,
asse duōs calicēs ēmit et ipse tulit.

In den Saepta streifte Mamurra viel und lange umher,
hier, wo das vergoldete Rom seine Reichtümer umsetzt,
schaute er sich die zarten Sklavenjungen an und verschlang sie mit seinen Blicken,
nicht die, die sie in den Buden vorne verkauften,
sondern die, die der Bretterboden eines geheimen Schaugerüstes sichert
und die weder das Volk oder Menschen meines Schlages sehen dürfen.
War er das satt, enthüllte er die Tische und runden Tischplatten,
verlangte nach hoch ausgestellten, vom Öl glänzenden Elfenbeinfüßen,
maß viermal ein Sofa für sechs Personen, ausgelegt mit Schildpatt, ab
und seufzte dann, für seinen Tisch aus Zitrusbäumen sei es nicht passend.
Er fragte seine Nase um Rat, ob die Bronzestatuen nach Korinth röchen,
er fand Mängel auch an deinen Statuen, Polyklet,
er reklamierte, die Kristallkelche seien durch Glassplitter getrübt,
wies dann auf Gefäße aus Flußspat und ließ zehn zurücklegen.
Er wog prüfend alte Trinkschalen und Pokale ab, als ob sie durch die Hand eines Mentors geadelt würden,
er zählte die grünen Edelsteine in goldener Einfassung ab,
und alles, was vom schneeweißen Ohr großartig klimpert.
Er suchte nach echten Sardonyxen auf jedem einzelnen Tisch und
machte Preise für die großen Jaspisse fest.
Als er dann endliche zur elften Stunde müde wegging,
kaufte er für ein As zwei Becher und trug sie selbst nach Hause.

9 **tēstūdīneus, -a, -um**: aus Schildpatt; *bezeichnet das Material eines Schildkrötenpanzers* – 11 **aes, aeris** *n.*: Bronze(statue); *Bronze riecht nicht* – 11 **Corinthus, -ī** *f.*: Korinth, *einer der führenden Umschlagplätze griechischer Skulpturen* – 12 *Die Bronzestatuen des* Polyklet (490-ca. 400 v. Chr.) *waren im Altertum hochberühmt.* – 14 **murrinus, -a, um**: aus Flußspat, *einem violetten, leuchtenden Kristallgestein* – 16 **Mentoreus, -a, -um**: *Adjektiv zu* Mentor (365 – ca. 360 v. Chr.?), *bekannt für seine Metallarbeiten (Pokale, Becher, Krüge, Teller usw.)* – 19 **sardonychus, -a, -um**: aus Sardonyx, *einem seltenen Quarzmineral, dessen Schichten in farbigen Bändern leuchten* – 20 **iaspis, -idis** *f.*: Jaspis, *ebenfalls ein seltenes Quarzmineral, das für die Schmuckverarbeitung genutzt wird* – 22 **ās, assis** *m.*: As, *eine kleine Münzeinheit. Für einen As bekam man in Pompeji kurz vor dem Vulkanausbruch 79 n. Chr. einen halben Liter einfachen Landwein.*

ANALYSE UND INTERPRETATION

3 Vergleiche anhand des lateinischen Textes die „neue" Funktion der Saepta Iulia mit folgenden Prachtstraßen:

Prachtstraßen

Die **Via Condotti** ist die eleganteste Einkaufsmeile im heutigen Rom. Sie zweigt von der Via del Corso ab und führt zur Spanischen Treppe. Entlang der Via Condotti finden sich die Boutiquen berühmter Designer. Die Anmut der Straße lädt aber auch dazu ein, lediglich zu flanieren und vielleicht einen Kaffee zu trinken, dessen Preis sich dem Publikum der Boutiquen angepasst hat.

Die **Place Vendôme** in Paris beherbergt schon seit dem 19. Jahrhundert teure Läden edler Modeschöpfer. Auch viele Schmuck- und Uhrenhersteller von Rang und Namen sind hier vertreten. Dazu kommen edle Hotels, Banken und große Versicherungen.

Das im Verhältnis zu Rom und Paris eher kleine Düsseldorf verfügt trotzdem über einen international bekannten Boulevard, die **Königsallee**. Auf der Westseite befinden sich Banken und luxuriöse Hotels. Auf der Ostseite laden Gastronomiebetriebe zum Verweilen ein, aber auch illustre Schmuck- und Modedesigner.

4 Beschreibe anhand des Epigramms den Charakter Mamurras.

5 Nenne sprachliche Mittel, mit denen Martial seine Einschätzung von Mamurras Charakter belegt.

6 Erkläre, warum gerade die Saepta Iulia ein geeigneter Ort waren, um den Charakter eines Menschen wie Mamurra zu kritisieren.

Martial kritisiert und thematisiert die Welt der Saepta Iulia auch in anderen Epigrammen. So nimmt er etwa Gellia aufs Korn, die er mit dem Parfümhersteller Cosmus vergleicht. Weiterhin verspottet er einen (griechischen) Freigelassenen namens Papylus, den er dort trifft, und macht sich über einen vornehmen *eques* lustig, vor dem selbst die angeblichen Freunde Martials, Publius und Cordus, nicht bestehen können.

SPRACHLICHE UND INHALTLICHE VORERSCHLIESSUNG

7 Stelle aus den folgenden drei Epigrammen alle Angaben über die Warenangebote in den Saepta Iulia zusammen.

8 Überprüfe anhand dieser Angaben deine Ergebnisse von Aufgabe 2.

Epigramm 3,55

1 Quod, quācumque venīs, Cosmum migrāre putāmus
et fluere excussō cinnama fūsa vitrō,
3 nōlō, peregrīnīs placeās tibī, Gellia, nūgīs.
Scīs, putō, posse meum sīc bene olēre canem.

migrāre, -ō: vorbeigehen
excutere, -iō, -cussum: ausgießen
cinnamum, -ī *n.*: Zimtöl
vitrum, -ī *n.*: (Glas-)Fläschchen
nūgae, -ārum *f. Pl.*: Nichtigkeiten
olēre, -eō: riechen

1 Cosmus: ein Parfümhersteller – **putāmus**: *1. P. Pl. als Ausdruck der Verallgemeinerung* – **3 nōlō … placeās tibī**: ich will nicht, dass du dir gefällst

GRUND- UND LERNWORTSCHATZ

fluere, fluō, flūxī	fließen
fundere, fundō, fūdī, fūsum	(aus)gießen
peregrīnus, -a, -um	fremd, fremdartig

Epigramm 7,94

Unguentum fuerat, quod onyx modo parva gerēbat:
Olfēcit postquam Papylus, ecce, garumst.

unguentum, -ī *n.*: Salböl
modo *Adv.*: soeben noch
olfacere, -iō, -fēcī: an etw. riechen
garumst = garum est

1 **onyx, onychis** *m./f.*: Onyx, *wertvolles Kristall, aus dem teure Öl- und Parfumfläschchen hergestellt wurden* – 2 **garum, -ī** *n.*: Garum, *sehr intensive Fischpaste aus gegorenen Fischabfällen*

Epigramm 2,57

Hīc, quem vidētis gressibus vagīs lentum,
amethystinātus media quī secat Saepta,
quem nōn lacernīs Pūblius meus vincit,
nōn ipse Cordus alpha paenulātōrum,
quem grex togātus sequitur et capillātus
recēnsque sella linteīsque lōrīsque,
oppīgnerāvit modo, modo ad Cladī mēnsam
vix octō nummīs ānulum, unde cenāret.

gressus, -ūs *m.*: Schritt
lentus, -a, -um: träge
secāre, -ō: *hier:* durchlaufen
amethystinātus, -a, -um: mit einem Amethystmantel behängt
lacerna, -ae *f.*: Kapuzenmantel
alpha paenulātōrum: „das Alphatier unter den Trägern eleganter Mäntel"
togātus, -a, -um: mit Togen behängt
capillātus, -a, -um: mit frisierten Haaren
linteum, -ī *n.*: Leinentuch
lōrum, -ī *m.*: Ledergurt
oppīgnerāre, -ō, -āvī: verpfänden
ānulus, -ī *m.*: Siegelring (eines eques)
unde *hier* = **ut** *(final)*

7 **Cladus** oder **Cladius**: *ein Geldverleiher*

GRUND- UND LERNWORTSCHATZ

grex, gregis *m.*	Herde, Horde
sequī, sequor, secūtus sum + *Akk.*	jdm. folgen
recēns, recentis	frisch, neu, jung
sella, sellae *f.*	(Trage-)Sitz
mēnsa, mēnsae *f.*	Bank *(auch als Finanzinstitut)*
modo *Adv.*	gerade (eben)
nummus, nummī *m.*	(wertlose) Münze

ANALYSE UND INTERPRETATION

9 Vergleiche Cosmus, Gellia, Papylus und den unbekannen *eques* in ihren Verhaltensweisen miteinander und arbeite Gemeinsamkeiten heraus.

10 Charakterisiere vor dem Hintergrund der drei Epigramme das Verhalten eines heutigen Prominenten deiner Wahl.

5 Im Theater

Rekonstruktion des Pompeiustheaters

Das Pompeiustheater

Pompeius, der spätere Gegner Caesars, hatte in den Jahren 77–62 v. Chr. einen Aufstand in Spanien niedergeschlagen, die letzten aufständischen Sklaven unter Spartacus vernichtet, die Piratenflotten im Mittelmeer beseitigt, Mithridates, den König von Pontus, besiegt und den Osten für das Imperium komplett neu organisiert. Er war zweimal Konsul, ohne jemals den *cursus honorum* durchlaufen zu haben. Man kann also verstehen, warum er sich *magnus* nannte. Und weil er so groß war, wollte er auch etwas Großes und Neues bauen: Jeder Römer und jeder Besucher Roms sollte sich auch Jahrhunderte später noch an ihn erinnern. So entstand 55 Chr. auf dem Marsfeld das erste steinerne Theater in Rom. Jeder sollte das riesige, ca. 40 000 Besucher fassende Theater sehen.
Pompeius bettete das Theater auf dem Marsfeld in einen größeren Komplex ein. Um dem etwas anrüchigen Ort eines Theaters mit seinen ebenfalls etwas anrüchigen Darbietungen eine sakrale Würde zu verleihen, fügte er einen kleinen Tempel hinzu, der der *Venus Genetrix*, der Stammmutter des julischen Geschlechts Caesars, geweiht wurde. Ebenso enthielt der Komplex eine *curia*: Sie war ursprünglich als Ausweichort des Senats gedacht, wurde dann aber sein fester Sitz, nachdem die alte Kurie auf dem Forum Romanum bei Straßenschlachten abgebrannt war. Dies war der Platz, an dem Caesar ermordet wurde. Umrahmt wurde die Anlage von Portiken mit ungewohnten, geradezu ungeheuren Ausmaßen: 180 x 135 Meter.
Etwas befremdlich für uns ist das erste Theaterprogramm: Neben sportlichen und musischen Wettkämpfen gab es Tierkämpfe mit fünfhundert Löwen sowie einen Zweikampf zwischen Elefanten. Später wurden wahrscheinlich auch Dramen aufgeführt. Cicero hingegen machte sich lustig über den *mimus*, eine vulgär-obszöne Komödie, die zur Eröffnung so langweilig präsentiert worden war, dass man nur einschlafen konnte. Ein Theaterbesuch erfüllte also auch zu Martials Zeiten nicht immer intellektuelle und kulturelle Ansprüche.

Das Verhalten eines Laevinus und eines anonymen Bekannten im Theater hat Martial zu weiteren Epigrammen gereizt.

SPRACHLICHE UND INHALTLICHE VORERSCHLIESSUNG

1 Nenne alle Verben des folgenden Epigramms und entwickle eine erste Vorstellung des Themas.

Epigramm 6,9

In Pompeiānō dormīs, Laevīne, theātrō:
Et querēris, sī tē suscitat Ōceanus?

suscitāre, -ō: aufscheuchen

2 Ōceanus: *Name eines Ordners im Theater.*

GRUND- UND LERNWORTSCHATZ

dormīre, dormiō, dormīvī	schlafen
querī, queror, questus sum	sich beklagen

SPRACHLICHE UND INHALTLICHE VORERSCHLIESSUNG

2 Nenne alle Substantive des folgenden Epigramms und entwickle eine erste Vorstellung des Themas.

Epigramm 5,27

Ingenium studiumque tibī mōrēsque genusque
sunt equitis, fateor: Cētera plēbis habēs.
Bis septēna tibī nōn sint subsellia tantī,
ut sedeās vīsō pallidus Ōceanō.

bis septēnus, -a, -um: vierzehn
tantī esse: so viel wert sein
subsellium, -ī *n.*: Sitzreihe
pallidus, -a, -um: schreckensbleich

2 **eques, -itis** *m.*: Ritter. *Kaiser Domitian hatte die deutliche Trennung zwischen den Sitzen für die Senatoren, die* equitēs *und die* plebs *gesetzlich wieder bestärkt. Diese Trennung war zuvor wohl nicht mehr strikt befolgt worden.*

GRUND- UND LERNWORTSCHATZ

fatērī, fateor, fassus sum	ein-, zugestehen

ANALYSE UND INTERPRETATION

3 Paraphrasiere die Kritik, die Martial an den beiden Besuchern des Theaters übt. Belege deine Antwort am lateinischen Text und vergleiche sie mit deinen ersten Vermutungen über das Thema.

4 Verfasse eine Erwiderung aus Sicht des Laevinus und des namenlosen Bekannten.

Die Mittagszeit

4

Nach dem anstrengenden Morgenprogramm dürfte auch Martial der Hunger gedrückt haben. Er hätte ihn in den zahlreichen, teilweise offenen Imbissbuden (*thermopolia*) der Subura stillen können. Das hätte für ihn auch den Vorteil gehabt, dass er sich noch einmal zum üblichen Mittagsschlaf (*meridiatio*) hätte zurückziehen können. Reizvoller und preiswerter wäre es jedoch gewesen, wenn er den Patron in die Pflicht genommen und bei ihm das Mittagessen (*prandium*) eingenommen hätte. Die Motive der Patrone wie z. B. eines Ponticus oder Rufinus, seiner „Konkurrenten", der griechischen Freigelassenen, Didymos und Philomelus, oder eines Maximus entkommen alle Martials scharfem Auge nicht.

SPRACHLICHE UND INHALTLICHE VORERSCHLIESSUNG

1 Gib einen Oberbegriff für die Materialien an, die Martial in folgendem Epigramm nennt.

Epigramm 4,85

Nōs bibimus vitrō, tū murrā, Pontice. Quārē?
Prōdat perspicuus nē duo vīna calix.

vitrum, -ī *n.*: Glas
murra, -ae *f.*: Achat, *ein nicht durchscheinender Schmuckstein*
calix, -icis *m.*: Becher

2 duo vīna: *zwei verschiedene Weine*

GRUND- UND LERNWORTSCHATZ

bibere, bibō, bibī	trinken
prōdere, prōdō, prōdidī, prōditum	verraten
perspicuus, -a, -um	durchsichtig

ANALYSE UND INTERPRETATION

2 Erläutere, welchen Vorwurf Martial anhand des Materials der Trinkgefäße zum Ausdruck bringt.
3 Untersuche, inwiefern Martial seinen Vorwurf mit Stilmitteln (→ S. 68–71) unterstützt.
Für Spezialisten: Beziehe in die Untersuchung auch die metrischen Mittel (→ S. 72–74) ein.
4 Benenne ähnliche Verhaltensweisen in heutiger Zeit.

SPRACHLICHE UND INHALTLICHE VORERSCHLIESSUNG

5 Stelle aus folgendem Epigramm alle Begriffe zum Sachfeld „Besitz" zusammen.

Epigramm 3,31

Sunt tibī, cōnfiteor, diffūsī iūgera campī,
urbānīque tenent praedia multa Larēs,
et servit dominae numerōsus dēbitor arcae,
sustentatque tuās aurea māssa dapēs.
Fāstīdīre tamen nōlī, Rufīne, minōrēs:
Plūs habuit Didymos, plūs Philomelus habet.

iūgerum, -ī *n.*: etwa ein Morgen Land = *ein ¼ Hektar*
praedium, -ī *n.*: Landgut
arca, -ae *f.*: Geldkasse
māssa, -ae *f.*: Masse; aurea māssa: massives Gold
daps, dapis *f.*: (Fest-)Essen
fāstīdīre, -iō: zurückweisen

2 **Larēs, -um** *m.*: Hausgötter; *hier metonymisch für die* Hausanlagen – 3 **servit ... numerōsus dēbitor**: *hier im Pl. gemeint*: zahlreiche Schuldner dienen

GRUND- UND LERNWORTSCHATZ

cōnfitērī, cōnfiteor, cōnfessus sum	bekennen, zugeben
diffundere, diffundō, diffūdī, diffūsum	ausgießen, ausstreuen, weit verstreuen
sustentāre, sustentō, sustentāvī, sustentātum	tragen, stützen, aushalten
aureus, -a, -um	golden

SPRACHLICHE UND INHALTLICHE VORERSCHLIESSUNG

6 Stelle aus folgendem Epigramm alle Ortsangaben zusammen.
7 Nenne weiterhin alle Angaben über den Besitz des Maximus.

Epigramm 7,73

Ēsquiliīs domus est, domus est tibī colle Diānae,
et tua patricius culmina vīcus habet;
hinc viduae Cybelēs, illinc sacrāria Vestae,
inde novum, veterem prōspicis inde Iovem.
Dīc, ūbi conveniam, dīc, quā tē parte requīram;
quisquis ubīque habitat, Māxime, nusquam habitat.

patricius vīcus: Patrizierstraße
culmen, -inis *n.*: *hier*: hohes Haus
vidua, -ae *f.*: Witwe

1 **Ēsquiliīs**: auf dem Esquilin – **colle Diānae**: auf dem Hügel der Diana = Aventin – 3 **Cybelē**, *Gen.* **Cybelēs**: *die verwitwete Fruchtbarkeitsgöttin* Kybele, *deren Mann zerstückelt wurde* – **sacrāria** *(n. Pl.)* **Vestae**: Heiligtum der Vesta, *Göttin des Herdfeuers* – 4 **Iuppiter**, *Gen.* **Iovis** *m.*: Jupiter, *hier metonymisch für den Jupitertempel*

GRUND- UND LERNWORTSCHATZ

vīcus, vīcī *m.*	Dorf, Stadtteil, Straße
hinc *Adv.*	von hier
illinc *Adv.*	von dort
inde *Adv.*	von da an
vetus, *Gen.* veteris	alt
convenīre, conveniō, convēnī, conventum	mit jdm. zusammenkommen, jdn. treffen
pars, partis *f.*	Teil, Richtung
requīrere, requīrō, requīsīvī, requīsītum	suchen
ubīque *Adv.*	überall
habitāre, habitō, habitāvī, habitātum	(be)wohnen
nusquam *Adv.*	nirgendwo, nirgendwohin

ANALYSE UND INTERPRETATION

8 Gliedere das Epigramm nach Abschnitten und nenne die Stelle, an der Martial die Perspektive wechselt.

9 Erläutere die Bedeutung des letzten Verses: *Quisquis ubīque habitat, Māxime, nusquam habitat.* Berücksichtige dabei die stilistische Gestaltung (→ S. 68–71).

Seneca, De vita beata 22 (Übersetzung: B. Simons)

Verfügt der Weise nicht zweifellos, wenn er reich ist, über mehr Möglichkeiten, sein Inneres zu entwickeln, als wenn er arm ist, da in Armut die einzige Art von Tugend darin besteht, sich nicht zu beugen oder niederdrücken zu lassen, im Reichtum aber Mäßigung, Freigiebigkeit, Reflexion, bewusste Verteilung und Großzügigkeit viel Raum zur Entfaltung haben? … Reichtum erheitert wie ein günstiger und tragender Wind den Seemann, wie ein guter Tag und in kalter Winterzeit ein sonniges Plätzchen. … Mir nimmt der Reichtum, wird er mir einmal entgleiten, nichts weg, außer eben sich selbst. Du wirst erstarren und wirst dir vorkommen wie einer, der ohne sich selbst zurückgelassen lassen wurde. Für mich hat Reichtum irgendeine Stellung, für dich die höchste. Zuletzt: Ich besitze Reichtum, du gehörst dem Reichtum.

ANALYSE UND INTERPRETATION

10 Erkläre, wie der stoische Philosoph Seneca (→ Interview mit Martial, S. 4–5) zum Reichtum steht. Begründe deine Antwort anhand des lateinischen Textes.

11 Vergleiche Senecas Standpunkt gegenüber dem Reichtum mit der Kritik Martials an den Patronen Ponticus, Rufinus und Maximus aus den Epigrammen von Kap. 4.

5 Auf den Foren

1 Freizeitstress – Arbeitsstress

Die großen Attraktionen, um seine Freizeit in der Stadt zu verbringen, lagen am Aventin und Esquilin: Es sind das Amphitheatrum Flavium (seit dem Mittelalter „Kolosseum" genannt) und der Circus Maximus. Um vom Campus Martius und der Subura dorthin zu gelangen, muss Martial das Forum Iulium und das Forum Augusti in unmittelbarer Nachbarschaft zum Forum Romanum passieren. Auch hier beobachtet er die Menschen und ihre Verhaltensweisen, wie etwa die des greisen Titullus.

Epigramm 8,44,1–15

Titulle, moneō, vīve: Semper hoc sērum est;
sub paedagōgō coeperīs licet, sērum est.
At tū, miser Titulle, nec senex vīvis,
sed omne līmen conteris salūtātor
et māne sūdās urbis ōsculīs ūdus,
forōque triplicī sparsus ante equōs omnis
aedemque Mārtis et colosson Augustī
curris per omnīs tertiāsque quīntāsque.
Rape, congere, aufer, possidē: Relinquendum est.
Superba dēnsīs ārca palleat nummīs,
centum explicentur pāginae Kalendārum,
iūrābit hērēs tē nihil relīquisse,
suprāque pluteum tē iacente vel saxum,
fartus papȳrō dum tibī torus crēscit,
flentīs superbus bāsiābit eunūchōs.

Titullus, ich mahne dich, lebe:
Immer ist es dafür zu spät;
fängst du unter dem Lehrer deiner
Kindheit an, es ist doch zu spät.
Aber du, armer Titullus, nicht einmal
als alter Mann lebst du,
sondern jede Türschwelle trittst du
ab beim morgendlichen Gruß und
morgens schon schwitzt du, nass
von den grüßenden Küssen der Stadt, und
auf den drei Foren breitest du dich aus,
vor allen Reiterstandbildern,
dem Tempel des Mars und dem Koloss
des Augustus,
du rennst zu jeder dritten und fünften
Stunde.
Raffe an dich, häufe auf, nimm in Besitz:
Es muss doch zurückgelassen werden.
Stolz mag die Truhe blinken, die gefüllt
mit Münzen ist,
hundert Seiten mögen zu Beginn jedes
Monats die Einnahmen aufweisen,
und dennoch wird dein Erbe schwören,
dass du nichts hinterlassen hast.
Und während du auf der Totenbahre
oder einem Stein liegst,
während für dich der Scheiterhaufen,
vollgestopft mit teurem Papyrus wächst,
wird er stolz die heulenden Eunuchen
küssen.

ANALYSE UND INTERPRETATION

1. Nenne das Thema des Epigramms und gib ihm eine Überschrift.
2. Paraphrasiere, was nach dem Zeitungsartikel „Volkskrankheit Burnout" (→ S. 43) unter einem Burnout zu verstehen ist und worin dessen Gefahren liegen.
3. Erkläre, inwiefern Aussagen des Zeitungsartikels auf das Verhalten des Titullus zutreffen.
4. Verfasse einen Leserbrief Martials als Erwiderung auf den Zeitungsartikel.

Volkskrankheit Burnout

Manager trifft es, Sozialarbeiter, Fußballtrainer, Musiker oder Verwaltungsangestellte: Die Rede ist vom Burnout. Ausgebrannt zu sein, könnte zur Volkskrankheit des 21. Jahrhunderts werden. Der Begriff dominiert derzeit die Debatte über die deutsche Arbeitskultur. Dabei ist weder klar, wovon genau die Rede ist, denn es handelt sich nicht um ein klar definiertes anerkanntes Krankheitsbild. Noch ist das tatsächliche Ausmaß des Problems nicht bekannt, verlässliche Statistiken liegen nicht vor. … Noch bevor solche Fragen geklärt sind, scheint Volkes Urteil gefällt: Es müsse schnell etwas passieren, denn die Schäden für Wirtschaft und Gesellschaft seien enorm. … Die Bundesanstalt für Arbeitsmedizin spricht von einem „Endzustand emotionaler Erschöpfung", andere Erklärungen greifen auf die Physik zurück, indem sie Burnout beschreiben als System, dem dauerhaft mehr Energie entzogen als zugeführt wird.

Jeder dritte Berufstätige fühlt sich stark erschöpft

Obwohl nicht eindeutig ist, was gemeint ist, sehen sich viele als betroffen an. Das zeigen Umfragen. Demnach fühlt sich jeder dritte Berufstätige „stark erschöpft oder ausgebrannt". Rund jeder sechste Erwerbstätige, der schätzt, dass er häufig an die Leistungsgrenze gehen muss, glaubt an Burnout zu leiden.

Sind wir also ein überarbeitetes Volk? Die belastbaren Daten geben ein anderes Bild: Außer in den Niederlanden wird nirgendwo in Europa so viel in Teilzeit gearbeitet wie hierzulande, weshalb das Stundenvolumen im Durchschnitt relativ gering ist. Gerade erst haben die Deutschen in Sachen Wochenarbeitszeit und Überstunden das Niveau vor der großen Wirtschaftskrise wieder erreicht, das dank flächendeckender Kurzarbeit zwischenzeitlich stark gesunken war. Und wie passen 8 Millionen Erwachsene ins Bild, die laut Statistischem Bundesamt gerne mehr arbeiten würden?

Ein Phänomen der Dienstleistungsgesellschaft

Am schieren Volumen der Arbeit kann es kaum liegen, dass ein beachtlicher Teil der arbeitenden Bevölkerung die eigene Situation in derart düsteren Farben malt. Es muss vielmehr mit den Umständen zu tun haben, unter denen Menschen ihrer Arbeit nachgehen. Auffällig ist, dass einige Berufsgruppen besonders anfällig zu sein scheinen. Gesundheits- und Sozialberufe etwa, zudem Pädagogen – alles Berufe, in denen Menschen anderen helfen. Auch die so genannten Sandwich-Manager, die Druck von Vorgesetzten von oben und den Mitarbeitern von unten kriegen, fühlen sich oft wie das ärmste Würstchen. Die Tätigkeiten mögen noch so unterschiedlich sein, gemeinsam ist ihnen, dass sie zu Situationen führen können, in denen sich die Beschäftigten überfordert fühlen. …

Das könnte erklären, warum Beobachter das Burnout vor allem als Phänomen der Dienstleistungsgesellschaft beschreiben. Ist der Bandarbeiter trotz lediglich bedingt abwechslungsreicher Tätigkeit und oft im belastenden Schichtdienst letztlich resistenter, weil er weiß, dass das Auto ohne ihn nicht vom Hof rollen würde? Oder warum hört man nur so selten von Bauern mit Burnout, obwohl der Beruf des modernen Landwirtes die Belastungen von Manager, Selbständigem und Akkordarbeiter locker vereint?

Gestaltungsspielraum für die Arbeit und auch eine gewisse Unzufriedenheit mit bestehenden Verhältnissen können wichtige Triebfedern sein, damit Beschäftigte in ihrer Arbeit aufgehen und produktiv sind. Doch ist es kein Widerspruch, wenn Arbeitgeber und Führungskräfte mit ihren Mitarbeitern klar formulieren, was sie von ihnen erwarten und was nicht. Der Autohersteller Volkswagen hat gerade den Firmenserver für Emails am Wochenende abgeschaltet und damit ein Zeichen gesetzt. Eine Personalpolitik, die den Beschäftigten solide Leitplanken vorgibt, indem sie Ziele, Mittel und Kompetenzen festlegt und diese auch verlässlich hochhält, ist ein wirksamer Schlüssel dazu, dass Menschen dauerhaft für ihre Arbeit brennen – und nicht dabei ausbrennen.

Volkskrankheit Burnout. Text: Sven Astheimer. Aus: Frankfurter Allgemeine Zeitung (Wirtschaftsteil) vom 01.02.2012 © Frankfurter Allgemeine Zeitung GmbH

2 Geschäftigkeit auf den Foren

Ein offizieller Grund für den Bau der neuen Foren (→ Infokästen „Das Forum Iulium" und „Das Forum Augusti") war die Fülle von Rechtsstreitigkeiten, die nicht mehr bewältigt werden konnten. In den Basiliken und Portiken der drei Foren gab es also ein reiches Betätigungsfeld für Anwälte (*causidici*), aber auch für Redner (*rhetores*), die ihre Kunst dem Publikum anboten. Im ersten Epigramm spricht Martial einen Laurus an, der sich offenbar mit seiner Berufswahl schwertut.

SPRACHLICHE UND INHALTLICHE VORERSCHLIESSUNG

1 Stelle aus folgendem Epigramm alle Begriffe zum Sachfeld *causidicus* und alle Begriffe zum Sachfeld *rhetor* zusammen. Lege eine Tabelle mit zwei Spalten für die beiden Sachfelder an.

2 Nenne die Imperativformen in den Versen 5 und 9 und stelle Vermutungen an, was Laurus tun soll.

Epigramm 2,64

Dum modo causidicum, dum tē modo rhētora fingis
    et nōn dēcernis, Laure, quid esse velīs,
Pēleōs et Priamī trānsit et Nestoris aetās
    et fuerat sērum iam tibī dēsinere.
Incipe, trēs ūnō periērunt rhētorēs annō,
    sī quid habēs animī, sī quid in arte valēs.
Sī schola damnātur, fora lītibus omnia fervent,
    ipse potest fierī Marsua causidicus.
Heia age, rumpe morās: Quō tē spērābimus ūsque?
    Dum, quid sīs, dubitās, iam potes esse nihil.

causidicus, -ī *m.*: Anwalt
rhētor, -ōris *m.* (*griech. Akk.*: rhētora): Redner
Pēleus (*griech. Gen.*: Pēleōs), **Priamus, Nestor**: *mythische Helden, Beispiele für ein sehr hohes Alter*
sērum *Adv.*: zu spät
dēsinere, -ō: mit dem Beruf aufhören
animus, -ī *m.*: Willensstärke
quō ... ūsque?: bis wohin? wie lange noch?

6 **ars, artis** *f.*: Kunst, *gemeint: Rhetorik* – 7 **Sī schola damnātur**: *übersetze:* Wenn die Schule (von dir) abgelehnt wird, *d. h. wenn du (als Alternative zum Anwaltsberuf) kein Rhetoriklehrer werden willst* – 8 **Marsua:** Marsyas, *ein Satyr, der aus Vermessenheit den Gott Apollo zu einem Sängerstreit herausforderte; eine Marsyasstatue stand auf dem Forum Romanum.* – 9 **rumpere, -ō**: *hier*: aufgeben

GRUND- UND LERNWORTSCHATZ

modo ... modo	bald .... bald
fingere, fingō, fīnxī, fictum	bilden, erdichten, gestalten; *(mit dopp. Akk.:)* sich etw. vorstellen als
dēcernere, dēcernō, dēcrēvī, dēcrētum	entscheiden
perīre, pereō, periī	zugrunde gehen, sterben
valēre, valeō, valuī	stark/kräftig sein; vermögen, imstande sein
līs, lītis *f.*	(Rechts-)Streit
mora, morae *f.*	Verzögerung, Zögern
spērāre, spērō, spērāvī, spērātum + *Akk.*	auf jdn. / auf etw. hoffen
dubitāre, dubitō, dubitāvī, dubitātum	(be)zweifeln

ANALYSE UND INTERPRETATION

3 Gliedere das Epigramm in inhaltliche Abschnitte und gib jedem Abschnitt eine passende Überschrift.

4 Arbeite anhand von lateinischen Begriffen die Argumente heraus, mit denen Martial Laurus zu einer Entscheidung bewegen möchte.

5 Arbeite heraus, wie Martial mit Stilmitteln seine Argumente unterstützt (→ S. 68–71).

Das Forum Iulium („Caesarforum")

Schon während seines Eroberungszuges in Gallien in den 50er Jahren des 1. Jahrhunderts v. Chr. begann Caesar aus Prestigegründen mit dem Bau seines „eigenen", an das Forum Romanum angrenzenden Forums. Obwohl die Baumaßnahmen noch nicht abgeschlossen waren, weihte er es 46 v. Chr., als seine Alleinherrschaft in Rom feststand, ein.

An drei Seiten umschlossen kostbar ausgestattete Portiken den Platz, sodass man den Eindruck eines geschlossenen Areals hatte. An der Nordseite stand der Tempel der Venus Genetrix, die als die göttliche Begründerin des julischen Geschlechts und somit als Caesars Urahnin galt. Vor diesem Tempel thronend, soll Caesar die Senatoren über die ganze Länge seines Forums auf sich zukommen lassen haben – eine beeindruckende Vorstellung! Diese Anekdote, die Caesars Biograph Sueton überliefert, zeigt deutlich, was Caesar mit seinem Forum beabsichtigte.

Betrat man jenes geschlossene Areal von Süden aus, sah der Besucher als erstes die Reiterstatue des Imperators Caesar (im Grundriss: kleines Rechteck in der Mitte). Ursprünglich war es die Reiterstatue Alexanders des Großen (356–323 v. Chr.), der vom kleinen Makedonien aus das riesige Perserreich bis nach Indien hin erobert hatte; lediglich der Kopf des Reiterdenkmals war ausgetauscht worden. Und dann schritt der Besucher weiter auf den mit kostbarstem Material geschmückten Tempel der Venus Genetrix zu. So ist das ganze Forum Iulium darauf ausgerichtet, die Überlegenheit seines Bauherrn dem Besucher zu präsentieren – und erst recht dem republikanischen Senat.

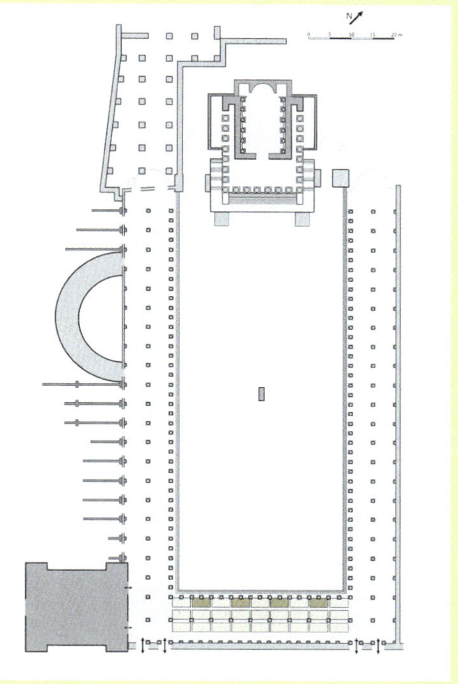

Grundriss des Forum Iulium

Rekonstruktion des Forum Iulium

Betrachtete Martial bisher Titullus und Laurus und ihre Ambitionen als Anwälte oder Redner, wendet er sich in den folgenden Epigrammen nun der anderen Seite zu. Er sieht sich diejenigen Bürger an, die Anwälte oder Redner für ihre Streitfälle beauftragen. Zu diesen gehören die Herren Gargilianus, Attalus und Sextus.

SPRACHLICHE UND INHALTLICHE VORERSCHLIESSUNG

6 Stelle aus folgendem Epigramm alle Zeitangaben zusammen.

7 Stelle aus den folgenden beiden Epigrammen alle Begriffe zum Sachfeld „Prozess“ zusammen.

8 Erschließe, ausgehend von deinen Ergebnissen der Aufgaben 6 und 7, das Thema der beiden Epigramme.

Epigramm 7,65

Līs tē bis decumae numerantem frīgōra brūmae
    conterit ūna tribus, Gargiliāne, forīs.
Ā miser et dēmēns! Vīgintī litigat annīs
    quisquam, cui vincī, Gargiliāne, licet?

bis decumus, -a, um: zweimal der zehnte, *d. h.* der zwanzigste
brūma, -ae *f.*: Winter
conterere, -ō: aufreiben, zerreiben
vīgintī: zwanzig
litigāre, -ō: prozessieren

2 **forīs**: *Gemeint sind die drei Foren (Romanum, Iulium, Augusti). Möglicherweise wurden die Gerichtshöfe für unterschiedliche Streitfälle* (līs, lītis *f.*) *auf die drei Foren verteilt.*

GRUND- UND LERNWORTSCHATZ

numerāre, numerō, numerāvī, numerātum	(ab)zählen
frīgus, frīgōris *n.*	Kälte
dēmēns, dēmēntis	irre, ohne Verstand
quisquam, quicquam	(überhaupt) irgendjemand, irgendetwas

Epigramm 1,79

Semper agis causās et rēs agis, Attale, semper:
    Est, nōn est, quod agās, Attale, semper agis.
Sī rēs et causae dēsunt, agis, Attale, mūlās.
    Attale, nē, quod agās, dēsit, agās animam.

rēs, reī *f.*: hier: Geschäft
est, nōn est, ...: egal, ob es etwas gibt oder nicht gibt, ...
mūla, -ae *f.*: Maulesel

GRUND- UND LERNWORTSCHATZ

causa, causae *f.*	Grund, Prozess, Rechtsfall

ANALYSE UND INTERPRETATION

9 Stelle ein Bedeutungsfeld für das Verb *agere* in Epigramm 1,79 zusammen.

SPRACHLICHE UND INHALTLICHE VORERSCHLIESSUNG

10 Nenne alle Prädikate des folgenden Epigramms und stelle Vermutungen über den Inhalt an.

Epigramm 2,13

Et iūdex petit et petit patrōnus.
Solvās, cēnseō, Sexte, crēditorī.

petit: *ergänze*: pecūniam
crēditor, -ōris *m.*: Geldgeber

GRUND- UND LERNWORTSCHATZ

solvere, solvō, solvī, solūtum + *Dat.*	lösen, zahlen, jmd. bezahlen
cēnsēre, cēnseō, cēnsuī, cēnsum	einschätzen, meinen

ANALYSE UND INTERPRETATION

11 Stelle alle Stilmittel (→ S. 68–71) aus den vorigen drei Epigrammen zusammen und arbeite heraus, zu welchem Zweck sie eingesetzt werden.

12 Vergleiche das Verhalten von Gargilianus, Attalus und Sextus miteinander und arbeite Gemeinsamkeiten heraus.

13 Paraphrasiere Martials Vorwürfe und antworte als Verteidiger von Gargilianus, Attalus und Sextus darauf.

14 Erkläre, warum gerade die neuen kaiserlichen Foren ein besonders geeignetes Betätigungsfeld für Rhetoren, Anwälte und ihre Mandanten waren (→ Infokästen „Das Forum Iulium" und „Das Forum Augusti").

Rekonstruktion des Forum Augusti (s. Infokasten auf S. 48)

Das Forum Augusti („Augustusforum“)

Zu den *pulcherrima operum, quae umquam vidit orbis*, „den schönsten Bauwerken, die die Welt je gesehen hat," zählt der Schriftsteller Plinius der Ältere (23/24–79 v. Chr.) das Forum Augusti. Der Bau hatte weit länger gedauert als geplant. Bei der Einweihung soll Augustus persönlich die Bauzeit von über vierzig Jahren spöttisch beklagt haben, so der spätantike Autor Macrobius. In der Schlacht von Philippi gegen die Caesarmörder Brutus und Cassius (42 v. Chr.) hatte Augustus, damals noch als Gaius Julius Caesar Octavius, den Bau eines Tempels für *Mars Ultor*, den rächenden Mars, gelobt, um das Attentat an seinem Adoptivvater Caesar zu rächen. Noch im selben Jahr hatte er mit dem Projekt begonnen, um sich als würdiger Sohn und Nachfolger Caesars der Öffentlichkeit zu präsentieren.

Die ehrfurchtsvolle Nachfolge Caesars lässt sich in der Struktur sowohl des Tempels als auch des Forums erkennen, denn sie ahmt die Form des Forum Iulium nach und will sie dabei an Größe noch übertreffen.

Bei der Einweihung im Jahr 2 v. Chr. war die Botschaft jedoch eine ganz andere: Augustus hatte inzwischen den Ehrentitel *pater patriae* vom Senat erhalten. Eine Reiterstatue auf dem Platz trug diesen Titel. In den Portiken an den Seiten standen Statuen der *summi viri rei publicae*, also von herausragenden Männern, die sich um den römischen Staat verdient gemacht hatten. Deswegen waren ihre Ämter und Leistungen auch auf Inschriften unter den Statuen verzeichnet. In den sich an die Portiken anschließenden Exedren (Halbrunden) befanden sich Statuen von Mitgliedern des julischen Geschlechts und von den frühen Königen Roms. Im Innern des Tempels ließ Augustus ab 2 v. Chr. zurückeroberte militärische Truppenzeichen aufbewahren. Die Rache für den Vater trat somit hinter die Rache für die Schande einer römischen Niederlage zurück. Augustus präsentiert sich somit als einer der *summi viri*, die sich um die Republik verdient gemacht haben.

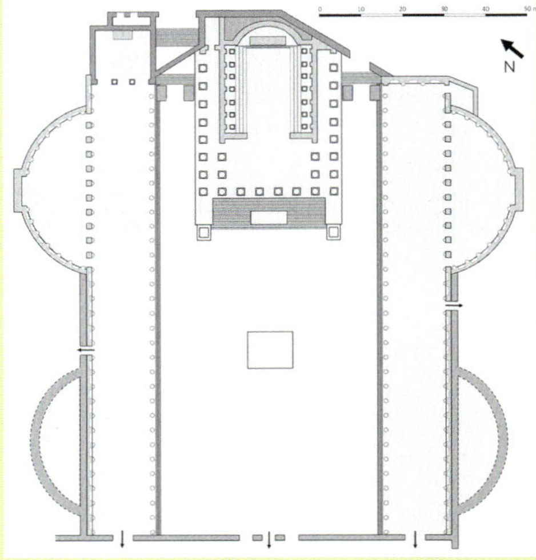

Grundriss des Forum Augusti

1 Was für ein Bau!

Das absolute Highlight der Stadt Rom, seit die Flavier die Macht übernommen hatten, war ein Bau, dessen Pracht, luxuriöse Ausstattung und technische Ingenieurskunst unübertroffen im gesamten Imperium war: das Amphitheatrum Flavium. Bei der Veranstaltung öffentlicher Spiele dürfte es für die meisten Bewohner der Stadt ein Muss gewesen sein, sie sich dort anzusehen.

Martial war so beeindruckt und begeistert vom Amphitheatrum Flavium, dass sein erstes Werk, mit dem er an die Öffentlichkeit trat, ein Buch (genannt *liber spectaculorum* oder *de spectaculis liber*) über die dort veranstalteten Spiele war. Aufgrund der Aufmerksamkeit, die die Spiele in Rom erfuhren, konnte er recht sicher sein, dass sein Büchlein zum Erfolg wurde.

Der Innenraum des Amphitheatrum Flavium („Kolosseum") heute. Um den Zuschauern Schatten zu spenden, konnten in der Antike je nach Sonnenstand Sonnensegel ausgerollt werden.

SPRACHLICHE UND INHALTLICHE VORERSCHLIESSUNG

1 Informiere dich über den Bau des Amphitheatrum Flavium, insbesondere über seine Lage und die davorstehende Kolossalstatue Neros.
2 Informiere dich über den Bau der *domus aurea* Kaiser Neros, insbesondere über ihre Anlage und die Umstände ihrer Entstehung.
3 Suche das Amphitheatrum Flavium auf dem Stadtplan (→ S. 8) und konstruiere eine mögliche Route über die Kaiserforen vom Marsfeld aus.

De spectaculis liber, Epigramm 2

Hīc, ubi sīdereus propius videt astra colossus
  et crēscunt mediā pēgmata celsa viā,
invidiōsa ferī radiābant ātria rēgis
  ūnaque iam tōtā stābat in urbe domus;
hīc, ubi cōnspicuī venerābilis Amphitheātrī
  ērigitur mōlēs, stāgna Nerōnis erant;
hīc, ubi mīrāmur vēlōcia mūnerā thermās,
  abstulerat miserīs tēcta superbus ager;
Claudia diffūsās ubi porticus explicat umbrās,
  ultima pars aulae dēficientis erat.
Reddita Rōma sibī est et sunt tē praeside, Caesar,
  dēliciae populī, quae fuerant dominī.

astrum, -ī *n.*: Stern
colossus, -ī *m.*: Koloss → Aufgabe 1
pēgma, -atis *n.*: Baugerüst
celsus, -a, -um: himmelwärts
radiāre, -ō: sich ausbreiten
venerābilis, -e: bewunderswert, eindrucksvoll
stāgnum, -ī *n.*: Teich, See
tē praeside: unter deiner Führung
esse + *Gen.*: gehören

1 sīdereus colossus: *die einhundert Fuß hohe* Kolossalstatue *von Kaiser Nero, die sich am Eingang des Amphitheaters befand. Später versah Kaiser Vespanian die Statue mit dem Kopf des Sonnengottes* (sidereus). *Nach ihr heißt das Amphitheater seit dem Mittelalter „Kolosseum".* – **7 vēlōcia mūnerā thermās**: die Thermen, das schnell vollendete Geschenk: *Gemeint sind die Titusthermen in der Nähe des Amphitheaters.* – **8 ager**: *hier:* Gelände *von Kaiser Neros Palast* – **9 Claudia porticus**: die Claudische Säulenhalle, *die die Claudier gestiftet haben* – **10 aulae dēficientis**: des endenden / eng zulaufenden Palastes – **11 Reddita Rōma sibī est**: Rom wurde sich *(d.h. seinen Bürgern)* wiedergegeben. – **Caesar**: *gemeint:* Kaiser Domitian – **12 dominī**: *Greife noch einmal* dēliciae *auf.*

GRUND- UND LERNWORTSCHATZ

sīdereus, -a, -um	strahlend
propius *Adv.*	näher, ziemlich nah
medius, -a, -um	mitten, der mittlere
via, viae *f.*	Weg, Straße
invidiōsus, -a, -um	verhasst
ferus, -a, -um	wild, rasend, wahnsinnig
cōnspicuus, -a, -um	(weithin) sichtbar, ansehnlich
ērigere, ērigō, ērēxī, ērectum	aufrichten
mōlēs, mōlis *f.*	Masse, (riesiger) Bau
mīrārī, mīror, mīrātus sum	bewundern, sich wundern
mūnus, mūneris *n.*	Geschenk, Aufgabe, Veranstaltung
tēctum, tēctī *n.*	Dach, Haus
ager, agrī *m.*	Acker, Feld, Gelände
explicāre, explicō, explicāvī/explicuī, explicātum/explicitum	ausbreiten; ausführen, erörtern
reddere, reddō, reddidī, redditum	zurückgeben
dēliciae, dēliciārum *f. Pl.*	Vergnügen

ANALYSE UND INTERPRETATION

4 In dem Epigramm liegt eine Antithese vor. Nenne sie und weise die Stilmittel (→ S. 68–71) nach, mit denen Martial sie umsetzt.

5 Erläutere Martials Verhältnis zu Kaiser Nero und belege deine Erläuterung am lateinischen Text.

2 Welch gewaltige Spiele!

Martial war wie seine Zeitgenossen nicht nur vom Bau des Amphitheatrum Flavium begeistert, sondern auch von den neuen Möglichkeiten, die die Spiele der flavischen Kaiser boten.

SPRACHLICHE UND INHALTLICHE VORERSCHLIESSUNG

1 Informiere dich über die Sage von Daedalus und Ikarus.

De spectaculis liber, Epigramm 8

Daedale, Lūcānō cum sīc lacerēris ab ursō,
quam cuperēs pinnās nunc habuisse tuās!

Lūcānus, -a, -um: lukanisch, aus Lukanien, *heute die Basilicata/ Süditalien*
ursus, -ī *m.*: Bär
pinna, -ae *f.*: Feder

GRUND- UND LERNWORTSCHATZ

lacerāre, lacerō, lacerāvī, lacerātum	zerfleischen

SPRACHLICHE UND INHALTLICHE VORERSCHLIESSUNG

2 Informiere dich über die Sage von Hero und Leander.

De spectaculis liber, Epigramm 25

Quod nocturna tibī, Lēandre, pepercerit unda,
dēsine mīrārī: Caesaris unda fuit.

mīrarī ... quod *(hier in umgekehrter Reihenfolge)*: sich wundern, dass

2 **Caesaris unda**: *Manchmal ließ der Kaiser das Amphitheater fluten, sodass Seeschlachten ausgetragen werden konnten. Auch Szenen, die auf dem Meer stattfanden, konnten so dargestellt werden.*

GRUND- UND LERNWORTSCHATZ

nocturnus, -a, -um	nächtlich
parcere, parcō, pepercī + *Dat.*	jdn. (ver)schonen
unda, undae *f.*	(Wasser-)Welle

SPRACHLICHE UND INHALTLICHE VORERSCHLIESSUNG

3 Stelle aus folgendem Epigramm alle Begriffe zum Sachfeld „Waffen" zusammen.
4 Stelle anschließend Vermutungen an, wer Hermes ist.

Epigramm 5,24

Hermēs Mārtia saeculī voluptās,
Hermēs omnibus ērudītus armīs,
Hermēs et gladiātor et magister,
Hermēs turba suī tremorque lūdī,
Hermēs, quem timet Hēlius, sed ūnum,
Hermēs, cui cadit Advolāns, sed ūnī,
Hermēs vincere nec ferīre doctus,
Hermēs subpositīcius sibī ipse,
Hermēs dīvitiae locāriōrum,
Hermēs cūra lābōrque lūdiārum,
Hermēs belligerā superbus hastā,
Hermēs aequoreō mināx tridente,
Hermēs casside languidā timendus,
Hermēs glōria Mārtis ūniversī,
Hermēs omnia sōlus et ter ūnus.

Mārtius, -a, -um: zu Mars gehörig, kriegerisch
ērudītus, -a, -um: ausgebildet
lūdus → *Infokasten „Ludi"*
tremor, -ōris *m.*: Zittern
sed ūnum: und zwar als einzigen
sed ūnī: und zwar als einzigem
ferīre, -iō: verletzen
subpositīcius, -ī *m.*: Ersatzmann
locārius, -iī *m.*: Buchmacher
lūdia, -ae *f.*: Gladiatorenfrau
belliger, -a, -um: kriegbringend
aequoreus, -a, -um: zum Meer gehörig, Meer-
mināx, -ācis: drohend
tridēns, -entis *m.* und **cassis, -idis** *f.*: Helmbusch
Mārs ūniversus: *steht für jede Form von Kampf*
ter ūnus: dreimal einer → *Infokasten „Ludi"*

3 magister: *hier:* Ausbilder von Gladiatoren – **4 turba, -ae** *f.*: *hier*: Verwirrung – **5 Helius**: berühmter Gladiator – **6 Advolāns**: berühmter Gladiator

GRUND- UND LERNWORTSCHATZ

voluptās, voluptātis *f.*	Freude, Lust
saeculum, saeculī *n.*	Jahrhundert
timēre, timeō, timuī	fürchten
hasta, hastae *f.*	Lanze
languidus, -a, -um	schlaff, matt, träge

ANALYSE UND INTERPRETATION

5 Beschreibe, aufbauend auf den Epigrammen von Kap. 6.2, die wesentlichen Merkmale der Spiele im Amphitheater.
6 Erläutere, welche Ziele die Kaiser mit solchen Spektakeln verfolgten.
7 Nenne einige sportliche Großveranstaltungen aus der heutigen Zeit und vergleiche sie mit den Gladiatorenkämpfen im Amphitheater.

Ludi

Im Film „Gladiator" aus dem Jahr 2000 standen die Gladiatoren, als sie aus Nordafrika zu spektakulären Spielen in Rom ankamen, staunend und sprachlos vor einem gewaltigen Bau, den sie sich so nicht vorstellen konnten. Sie hielten ihn für eine übermenschliche Leistung. Tatsächlich dürfte es den Besuchern des alten Roms ebenso ergangen sein. Martial selbst stellt das Amphitheatrum Flavium über die größten Monumente der antiken Welt *(liber spectaculorum*, Epigramm 1). Hier sollten die Gladiatorenspiele (*ludi*) stattfinden, für die sich die Römer ungehemmt begeistern konnten. Erfolgreiche Gladiatoren konnten durchaus zu Superstars werden. Martials Zeitgenosse Tacitus erzählt, wie es im Jahre 59 n. Chr. im Amphitheater von Pompeji zu einer derart ausufernden Massenschlägerei unter den Anhängern der verschiedenen Kämpfer kam, dass der Senat einschreiten musste und den Pompejanern für zehn Jahre den Besuch solcher Spiele verbot. Noch ca. 300 Jahre später schildert der Kirchenvater Augustinus, welch magische Wirkung die Spiele auf die Zuschauer hatten.

Ursprünglich kämpften zwei Mann zu Ehren eines Toten gegeneinander, denn die *ludi* waren wohl bei den Etruskern als Leichenspiele entstanden und in dieser Funktion zu den Römern gekommen. In den Wahlkämpfen für öffentliche Ämter erkannten die Kandidaten, welch ungeheures Potential in der Veranstaltung von Spielen steckte, um selbst populär zu werden. Der erste, der dieses Mittel massiv einsetzte, war Caesar. Als Ädil stiftete er so große Spiele, dass der Senat sich gezwungen sah, die Zahl der Gladiatorenpaare einzuschränken. In Caesars Nachfolge veranstalteten viele Kaiser Spiele zu dem Zweck, die Masse der Bevölkerung für sich zu gewinnen, sie ruhigzustellen und zu manipulieren. So auch die Flavier, die das Amphitheatrum Flavium just an dem Ort errichteten, an dem Kaiser Nero einen riesigen Gartenteich für seinen Palast, die *domus aurea* („das goldene Haus"), angelegt hatte. Die Botschaft: Wir schenken euch ein Weltwunder zum Freizeitvergnügen, wo Nero nur für sich selbst ein Wasserbecken bauen ließ.

Ein weiteres „Vergnügen" waren Tierhetzen (*venationes*), bei denen Menschen gegen Tiere antreten mussten. Martial selbst begeistert sich für einen Tierkämpfer namens Carpophorus (*liber spectaculorum*, Epigramme 15 und 27). Oft gab es sogar Massenjagden. Im Amphitheatrum Flavium soll Kaiser Trajan Hetzen mit ca. 11 000 Tieren exotischer Herkunft veranstaltet haben. Damit stellte sich der Kaiser, der das römische Reich zu seiner größten Ausdehnung brachte, in die Tradition Caesars, der ähnliche Spektakel veranstaltet haben soll.

Caesar war auch der erste, der Seeschlachten (*naumachiae*) inszenierte. Hierfür wurde die Arena des Amphitheaters mit Wasser gefüllt, sodass Schiffe darauf fahren konnten. Auch auf diesem Feld wollten die nachfolgenden Kaiser ihre Vorgänger übertreffen: Augustus seinen Adoptivvater Caesar, Claudius wiederum Augustus und zuletzt die Flavier Titus und Domitian ihre julisch-claudischen Vorgänger Caesar, Augustus und Claudius.

ANALYSE UND INTERPRETATION

8 Vergleiche deinen Eindruck von Hermes aus dem Epigramm 5,24 mit der Bronzestatue von Cristiano Ronaldo.

Bronzestatue des Fußballstars Cristiano Ronaldo auf seiner Geburtsinsel Madeira

7 Im Circus Maximus

Das andere gewaltige, gleichzeitig auch das älteste Gebäude für die Veranstaltung von Spielen war der Circus Maximus. In der Frühzeit fanden hier auch Gladiatorenspiele und sportliche Wettkämpfe statt, aber die Hauptattraktion waren Wagenrennen. Und so konnte man als Zuschauer auch hier seine arbeitsfreie Zeit mit atemraubender Unterhaltung füllen. In den folgenden beiden Epigrammen schreibt Martial über den verstorbenen berühmten Wagenlenker Flavius Scorpus. Das erste Epigramm hat den Tod des Scorpus und dessen Umstände zum Inhalt. Das zweite Epigramm verweist auf den Ursprung der Gattung, das Grabepigramm.

SPRACHLICHE UND INHALTLICHE VORERSCHLIESSUNG

1 Informiere dich über den Bau des Circus Maximus und den Ablauf der Wagenrennen.
2 Suche den Circus Maximus auf dem Stadtplan (→ S. 8) und konstruiere eine mögliche Route vom Amphitheatrum Flavium dorthin.

Epigramm 10,50

Frangat Idūmaeās trīstis Victōria palmās,
    plange, Favor, saevā pectora nūda manū;
mūtet Honor cultūs, et inīquīs mūnera flammīs
    mitte corōnātās, Glōria maesta, comās.
Heu facinus! Prīmā fraudātus, Scorpe, iuventā
    occidis et nigrōs tam citō iungis equōs.
Curribus illa tuīs semper properāta brevisque
    cūr fuit et vītae tam prope mēta tuae?

plangere, -ō: schlagen
cultus, -ūs *m.*: *hier*: Kleidung
fraudāre, -ō: betrügen
iuventa, -ae *f.*: Jugendzeit
citō *Adv.*: schnell
iungere, -ō: hier: anschirren
prope *Adv.*: nah

1 Idūmaeus, -a, -um: Idumaea, *eine Gegend in Judäa, berühmt für ihre Palmen* – **palma, -ae** *f.*: Palmzweig. *Damit wurden die Sieger empfangen.* – **1 –4 Victōria**, **Favor**, **Honor**, **Glōria**: *Personifikationen. Victoria und Honor wurden auch als Gottheiten in Tempeln Roms verehrt.* – **2** *Eine Geste der Trauer war in der Antike das Schlagen* (plangere) *der Brust.* – **3 mūnera**: *hier prädikativ gebraucht:* als Geschenk – **4** *Die Sieger erhielten als Ruhmespreis einen Kranz, weshalb auch die Haare der Göttin Gloria bekränzt waren* (corōnātās ... comās). – **6 nigrōs equōs**: *Die schwarzen Pferde sind Zeichen des Todes.* – **7–8 Curribus ... mēta tuae?**: Die Wendesäule (mēta, -ae *f.*), die du mit deinen Wagen immer umeilt hast und die (immer) knapp (brevis) war, warum war sie auch für dein Leben so nah? *Die größte Schwierigkeit bei den Rennen bestand darin, möglichst eng die Kurven der Rennbahn um die Wendesäulen zu nehmen. Metaphorisch bedeutet die Wendesäule Ziel und Wendepunkt des Lebens.*

GRUND- UND LERNWORTSCHATZ

frangere, frangō, frēgī, frāctum	zerbrechen
favor, favōris *m.*	Beifall, Gunst
saevus, -a, -um	wütend
pectus, pectoris *n.*	Brust
nūdus, -a, -um	nackt
manus, manūs *f.*	Hand
mūtāre, mūtō, mūtāvī, mūtātum	verändern, tauschen
inīquus, -a, -um	ungerecht, ungünstig
maestus, -a, -um	betrübt, traurig
facinus, facinoris *n.*	Verbrechen

occidere, occidō, occidī	unter-, zugrunde gehen
niger, nigra, nigrum	schwarz
brevis, breve, *Gen.* brevis	kurz, knapp

SPRACHLICHE UND INHALTLICHE VORERSCHLIESSUNG

3 Entwirf eine fiktive Grabinschrift für eine dir nahe stehende Person. (Du kannst selbstverständlich eine Person erfinden.)

Epigramm 10,53

Ille ego sum Scorpus, clāmosī glōria Circī,
plausūs, Rōma, tuī dēliciaeque brevēs,
invida quem Lachesis raptum trietēride nōna,
dum numerat palmās, crēdidit esse senem.

clāmōsus, -a, -um: schreiend, jubelnd
trietēride nōna: neun mal drei Jahre

3 **Lachesis**: *eine der Parzen (die Göttinnen, die den Lebensfaden spinnen und abschneiden)* – 4 **palma, -ae** *f.*: Palmzweig. *Damit wurden die Sieger geehrt.* – 3–4: **invida quem Lachesis raptum trietēride nōna, ..., crēdidit esse senem**: (ich), dahingerafft mit neun mal drei Jahren, von dem die neidische Lachesis ... glaubte, dass ich ein alter Mann sei. – 4 **dum numerat palmās**: während sie die (unzähligen) Siegespalmen zählte. *Scorpus soll, als er mit 27 Jahren starb, über 2000 Siege errungen haben.*

GRUND- UND LERNWORTSCHATZ

plausus, plausūs *m.*	Applaus, Beifall
dēliciae, dēliciārum *f. Pl.*	Vergnügen
invidus, -a, -um	neidisch
rapere, rapiō, rapuī, raptum	(weg)reißen, weg-, dahinraffen
crēdere, crēdō, crēdidī, crēditum	glauben, anvertrauen

ANALYSE UND INTERPRETATION

4 Bei dem Gedicht handelt es sich um ein Epigramm für das Grab des Scorpus. Vergleiche die Art der Darstellung und die Nachrichten über Scorpus mit deinem Entwurf aus Aufgabe 3.
5 Stelle alle Begriffe und Stilmittel (→ S. 68–71) zusammen, mit denen Martial seine Trauer über den Tod des Scorpus zum Ausdruck bringt.
6 Schreibe eine Reportage über das Wagenrennen, bei dem Scorpus starb.
7 Arbeite die Gemeinsamkeiten zwischen antikem und modernem Rennsport heraus. Recherchiere dazu insbesondere die Katastrophe im Formel-1-Rennen von Le Mans im Jahre 1955.

8 *Cena*: Zeit zum Abendessen

1 Wie komme ich an ein Essen?

Zum Ende der neunten Stunde, also je nach Sonnenstand um circa 15 Uhr (im Sommer etwas später, im Winter etwas früher), war es Zeit für die Hauptmahlzeit, die *cena*. Zeit für Martial, die Klienten zu betrachten, wie sie auf die Jagd nach einem Essen bei ihren Patronen gehen. Selius und Philo scheinen sehr erfolgreiche Mahlzeitenjäger gewesen zu sein.

SPRACHLICHE UND INHALTLICHE VORERSCHLIESSUNG

1 Gib noch einmal die Aufgaben eines Klienten an (→ Infokasten „Patron und Klient", S. 13).

2 Stelle alle Aussagen zusammen, die Selius betreffen, und alle, die Martials Leser betreffen.

Epigramm 2,27

Laudantem Sēlium, cēnae cum rētia tendit,
accipe, sīve legās sīve patrōnus agās:
„Effectē! Graviter! Citō! Nēquiter! Euge! Beātē!
Hoc voluī!" „Facta est iam tibī cēna, tacē!"

rēte, -is, *n. Pl.* **rētia**: Netz
effectus, -a, -um: wirkungsvoll
citō *Adv.*: schnell
nēquiter: unsinnig; *die Klienten waren auch zu vermeintlich kritischen Zwischenrufen verpflichtet.*
euge: herrlich

1 cēnae (*Dat.*): *hier*: für eine Mahlzeit – **2 legere**: *hier*: laut lesen, rezitieren – **patrōnus**: *hier prädikativ gebraucht* – **agere, -ō**: *hier:* einen Prozess führen

GRUND- UND LERNWORTSCHATZ

tendere, tendō, tetendī, tēntum	dehnen, spannen
accipere, accipiō, accēpī, acceptum	annehmen, vernehmen
legere, legō, lēgī, lēctum	sammeln, lesen
gravis, grave, *Gen.* gravis	ernsthaft, würdevoll
beātus, -a, -um	glücklich, erfolgreich
tacēre, taceō, tacuī	schweigen

ANALYSE UND INTERPRETATION

3 Beschreibe in eigenen Worten die Situation, die Martial konstruiert.

4 Spielt paarweise die Szene nach und arbeitet dabei vor allem Martials Kritik an Selius heraus.

SPRACHLICHE UND INHALTLICHE VORERSCHLIESSUNG

5 Nenne alle Verben des folgenden Epigramms, die Philo betreffen.

Epigramm 5,47

Numquam sē cenāsse domī Philō iūrat, et hoc est:
Nōn cēnat, quotiēns nēmo vocāvit eum.

cēnāsse = **cēnāvisse**
vocāre, -ō: *hier:* einladen

GRUND- UND LERNWORTSCHATZ

cēnāre, cēnō, cēnāvī	(zu Abend) essen
iūrāre, iūrō, iūravī, iūrātum	schwören

ANALYSE UND INTERPRETATION

6 Gib dem Epigramm 5,47 eine Überschrift.
7 In den zwei Versen gibt es drei Verneinungen. Untersuche, warum die Verneinung in diesem Epigramm das wesentliche Mittel ist, mit dem Martial seine Kritik an Philo zum Ausdruck bringt.
8 Nenne weitere Stilmittel (→ S. 68–71), die diesem Zweck dienen können.

Cena und *convivium*

Nachdem die Römer frühmorgens ihr Frühstück (*ientaculum*) und mittags gegen 12 Uhr ein leichtes Mittagessen (*prandium*) eingenommen hatten, fand erst nach ca. 15 Uhr unserer Zeitrechnung die eigentliche Hauptmahlzeit statt, die *cena*. Wenn Gäste eingeladen waren, konnte sie mit großem Aufwand betrieben werden und bis in die Abendstunden dauern oder gar zu einem Festessen (*convivium*) werden, das noch länger dauerte.
Ursprünglich gestaltete sich, wie das *ientaculum* und das *prandium*, auch die *cena* eher schlicht. Die Speisen kamen aus dem bäuerlichen Umfeld der Römer. Auch die Anzahl der männlichen Anwesenden war anfangs auf neun begrenzt. Dabei lagen die Männer jeweils zu dritt auf einer der drei Speiseliegen, die in einer Hufeisen- oder U-Form um einen niedrigen Esstisch gruppiert waren. Die Frauen saßen auf Stühlen. Doch je mehr sich das römische Imperium ausbreitete, desto mehr lernten die Römer andere Essgewohnheiten und andere Speisen kennen. Und desto mehr wurde es besonders den oberen Schichten zum Anliegen, sogar zum gesellschaftlichen „Muss", durch möglichst viele Gänge, durch möglichst exotische Speisen und vor möglichst vielen Gästen Eindruck zu schinden. Ein gutes Beispiel für eine solch aufwändige *cena* bietet die *Cena Trimalchionis* des Schriftstellers Petron. Trimalchio, ein freigelassener Sklave zu Kaiser Neros Zeiten, will ein Festessen vom Anspruch eines Senators veranstalten und verliert dabei jedes Maß (→ Auszug S. 59).
Für Dichter wie Martial, die durch ihre Dichtkunst überleben wollten, waren Einladungen zu solchen Essen äußerst wichtig. Denn der Gastgeber konnte auch dadurch beeindrucken, dass er die Gäste zwischen den Gängen mit künstlerischen Darbietungen unterhielt, z. B. durch Gesang oder ein kleines Orchester, durch Tänzer und Akrobaten oder auch durch die Rezitation der neuesten dichterischen Werke.

2 Wie verhält sich ein Gastgeber?

In den folgenden Epigrammen wechselt Martial die Perspektive. Er betrachtet nicht mehr die Klienten, sondern die Patrone und ihr Verhalten gegenüber den eingeladenen Gästen. Pomponius belehrt er über die wahren Motive seiner Klientenschar, mit Sextus scheint er persönliche Erfahrungen gemacht zu haben, Fabullus ist nur auf den ersten Blick großzügig, und Naevia ist ein Knauser.

SPRACHLICHE UND INHALTLICHE VORERSCHLIESSUNG

1 Gib noch einmal die Aufgaben eines Patrons an (→ Infokasten „Patron und Klient", S. 13).

2 Stelle aus den folgenden vier Epigrammen alle Aussagen über den Charakter und das Verhalten der Patrone zusammen.

Epigramm 6,48

Quod tam grande „sophōs" clāmat tibī turba togāta,
  nōn tū, Pompōnī, cēna diserta tua est.

quod: bloß/nur, weil
sophōs *griech.*: „Du weiser, verständiger Mann!"
disertus, -a, -um: eloquent

1 **turba togāta**: In eine Toga gehüllte Menge. *Damit ist die Menge der Klienten gemeint, die dem Patron z. B. bei einem Prozess oder bei Wahlveranstaltungen applaudiert.* – 2 **nōn tū … cēna diserta tua est**: *Martial konstruiert hier einen Gegensatz; im Deutschen könnte man vor* cēna *ein „sondern" ergänzen.*

Epigramm 4,68

Invītās centum quadrantibus et bene cēnās.
  Ut cēnem, invītor, Sexte, an ut invīdeam?

quadrāns, -ntis *m.*: Viertelas. *Ein As ist ein kleiner Münzbetrag, ein Viertelas also noch viel weniger.*

GRUND- UND LERNWORTSCHATZ

invītāre, invītō, invītāvī, invītātum	einladen
invīdēre, invīdeō, invīdī, invīsum	beneiden

Epigramm 3,12

Unguentum, fateor, bonum dedistī
convīvīs here, sed nihil scidistī.
Rēs salsa est bene olēre et ēsurīre.
Quī nōn cēnat et unguitur, Fabulle,
hic vērē mihī mortuus vidētur.

unguentum, -ī *n.*: (Duft-)Salbe
scindere, -ō, scidī: tranchieren
salsus, -a, -um: witzig
olēre, -eō: duften
ēsurīre, -iō: Hunger haben
unguere, -ō: einölen

2 **nihil scidistī**: du hast nichts tranchiert, *d. h. du hast nichts zu essen angeboten* – 4–5 **Quī … unguitur, … mortuus vidētur**: Wer … gesalbt wird, … scheint schon tot zu sein. *Anspielung auf die Totensalbung.*

GRUND- UND LERNWORTSCHATZ

fatērī, fateor, fassus sum	ein-, zugestehen
dare, dō, dedī, datum	geben, schenken
herī/here *Adv.*	gestern

Epigramm 3,13

Dum nōn vīs piscēs, dum nōn vīs carpere pullōs
et plūs quam putrī, Naevia, parcis aprō,
accūsās rumpisque cocum, tamquam omnia crūda
attulerit. Numquam sīc ego crūdus erō.

pullus, -ī *m.*: Hähnchen
aper, aprī *m.*: Wildschwein
puter, -tris, -tre: *hier*: alt, schlaff
cocus, -ī *m.*: Koch
crūdus, -a, -um: unverdaulich
afferre, -ō, attulī: auftragen

1 carpere, -ō: *hier*: tranchieren – **4 crūdus erō**: ich werde unverdaulich sein, gemeint: ich werde Verdauungsbeschwerden haben

GRUND- UND LERNWORTSCHATZ

velle, volō, voluī (*verneint:* nōlle)	wollen (*verneint:* nicht wollen)
accūsāre, accūsō, accūsāvī, accūsātum	anklagen

ANALYSE UND INTERPRETATION

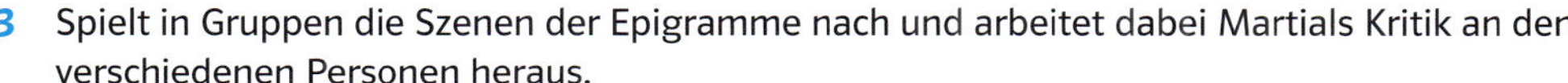

3 Spielt in Gruppen die Szenen der Epigramme nach und arbeitet dabei Martials Kritik an den verschiedenen Personen heraus.

4 Untersuche, was Martial an der folgenden Szene aus Petrons *Cena Trimalchionis* kritisieren würde.

Petron, Cena Trimalchionis, 34,6–36,3 (Übersetzung: B. Simons)

(34,6) Es wurden sorgfältig vergipste Glasamphoren herbeigebracht, an deren Hals Etiketten mit dieser Aufschrift angebracht waren: „Falerner Wein aus dem Konsulatsjahr des Opimius, hundert Jahre alt." (7) Während wir die Aufschrift durchlasen, klatschte Trimalchio in die Hände und sagte: „Oh je, also lebt ein Wein länger als ein kleines Menschlein! Lasst uns daher ein Saufgelage die ganze Nacht feiern! Wein bedeutet Leben! Echten Opimianer präsentiere ich hier! Gestern hatte ich nicht so guten hingestellt und doch waren viel ehrenhaftere Leute hier zum Abendessen." (…) (35,1) Dem Beifall folgte ein Gang, aber bei weitem nicht so voll wie erwartet. Dennoch zog seine Neuartigkeit aller Blicke auf sich. Denn der runde Tafelaufsatz trug im Kreis die zwölf Sternzeichen, über denen der Arrangeur eine jeweils zugehörige und inhaltlich passende Speise angerichtet hatte: über dem Widder Widdererbsen, über dem Stier ein Stück Rinderbraten, über den Zwillingen Hoden und Nieren, über dem Krebs einen Kranz, über dem Löwen eine afrikanische Feige, über der Jungfrau die Gebärmutter einer jungen Sau, über der Waage eine Balkenwaage, in deren einer Schale warme Torte und in deren anderer Schale Kuchen lag, über dem Skorpion einen kleinen (gleichnamigen) Seefisch, über dem Schützen einen Hasen, über dem Steinbock einen Heuschreckenkrebs, über dem Wassermann eine Gans, über den Fischen zwei Seebarben. In der Mitte aber lag auf einem mit allen Kräutern ausgestochenen Rasenstück eine Honigwabe. Ein ägyptischer Sklave trug aus einer silbernen Backpfanne Brot herum und würgte selbst mit widerlichster Stimme eine Arie aus dem Laserpicium-Singspiel hervor. Als wir uns recht missmutig an so einfache Speisen heranmachten, sagte Trimalchio: „Ich rate zu essen; das hier ist das Anrecht auf das weitere Abendessen." (36,1) Sobald er dies gesagt hatte, liefen zur Musik im Dreiertakt des Waffentanzes vier Leute hervor und hoben den oberen Teil des Tafelaufsatzes ab. (2) Als sie dies getan hatten, sahen wir darunter Mastgeflügel, Saueuter und in deren Mitte einen Hasen, der so mit Federn zurechtgemacht war, dass er wie Pegasus aussah. (3) In den Ecken des Tischaufsatzes bemerkten wir auch vier Marsyasfiguren, aus deren kleinen Schläuchen gepfefferte Sauce über die Fische lief, die in einem Bassin schwammen.

5 Erkläre mithilfe eines Lexikons oder einer Recherche im Internet, um welche Delikatessen es sich bei den bei Petron genannten Speisen handelt.

6 Beschreibe die Darstellung auf dem Kupferstich aus dem 19. Jahrhundert. Nenne dort dargestellte Elemente eines römischen Banketts, die sich von einem Festessen in heutiger Zeit unterscheiden.

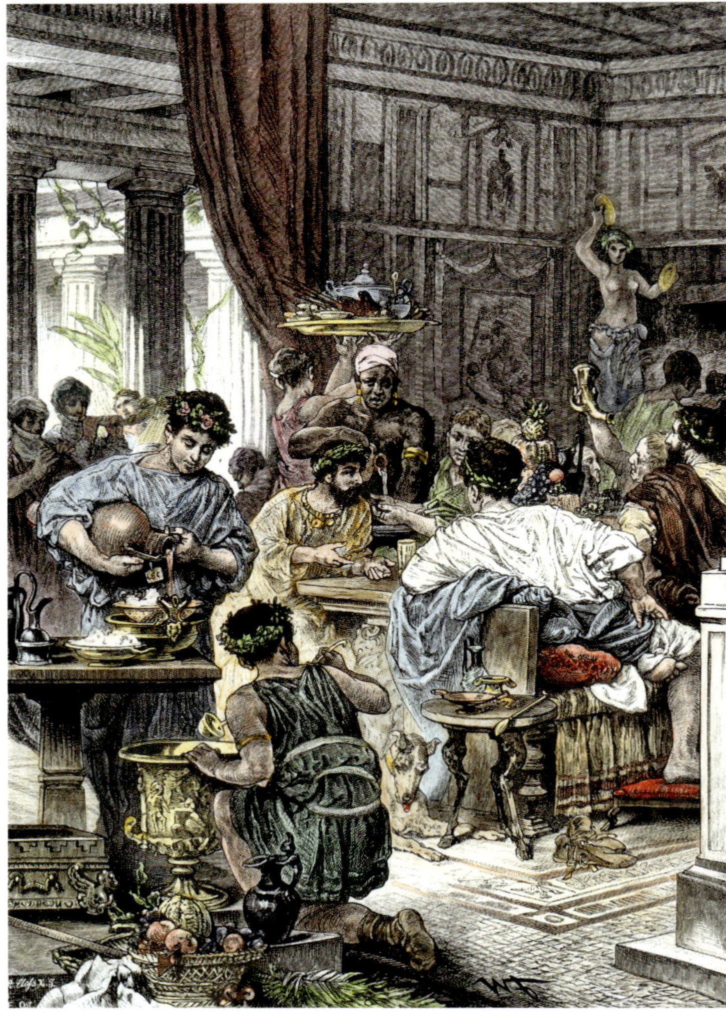

Prachtvolles Bankett der römischen Kaiserzeit (kolorierter Kupferstich aus dem 19. Jh.)

Auf der Via Appia 9

1 Grabepigramme

Nach der *cena*, bei der womöglich auch einige neue Förderer gefunden wurden, ist ein Spaziergang angesagt. Vielleicht auf der Via Appia stadtauswärts? Wegen der zahlreichen Gräber an ihren Seiten ist sie eine geeignete Örtlichkeit für die Gedanken, die Martial zu Gräbern und Tod äußert. Die ersten beiden Epigramme sind traditionelle „Grabepigramme", d. h. Epigramme, die sich auf Grabsteinen befanden. Hier zunächst für den kleinen Urbicus, den Sohn eines Bassus.

SPRACHLICHE UND INHALTLICHE VORERSCHLIESSUNG

1 Suche auf dem Stadtplan (→ S. 8) die Via Appia und die Porta Capena.
2 Urbicus spricht selbst aus dem Epigramm heraus: Nenne alle Aussagen, die sich auf ihn beziehen.

Epigramm 7,96

Conditus hīc ego sum Bassī dolor, Urbicus īnfāns,
  cui genus et nōmen māxima Rōma dedit.
Sex mihī dē prīmā dērant triēteride mēnsēs,
  rūpērunt tetricae cum male pēnsa deae.
Quid speciēs, quid lingua mihī, quid prōfuit aetās?
  Dā lacrimās tumulō, quī legis ista, meō:
Sīc ad Lēthaeās, nisi Nestore sērior, undās
  nōn eat, optābis quem superesse tibī.

condere, -ō, -didī, -ditum: begraben
Rōma *ist die* **urbs**, *wovon* **Urbicus** *abgeleitet ist.*
dērant = **dēerant**
triēteris, -idis *f.*: drei Jahre
tetricus, -a, -um: düster; tetricae deae: die Parzen, *d. h. die Göttinnen, die die Lebensdauer bestimmen und den Lebensfaden bemessen*
pēnsum, -ī *n.*: Lebensfaden
sērus, -a, -um: spät, *hier:* alt

7 **Lēthaeae undae**: Wellen der Lethe, *die in der Unterwelt ewiges Vergessen brachten* – **Nestor**: *Held der griechischen Mythologie, metonymisch für ein sehr hohes Alter* – 8 **eat ... tibī**: es möge der gehen, dem du wünschst, dass er dich überlebt

GRUND- UND LERNWORTSCHATZ

īnfāns, īnfantis *m./f.*	Kleinkind
dēesse, dēsum, dēfuī	fehlen
speciēs, speciēī *f.*	Aussehen, Anblick
lingua, linguae *f.*	Zunge, Sprache
prōdesse, prōsum, prōfuī	nützen
aetās, aetātis *f.*	Alter
lacrima, lacrimae *f.*	Träne
tumulus, tumulī *m.*	Grab, Grabhügel
optāre, optō, optāvī, optātum	wünschen
superesse, supersum, superfuī + *Dat.*	jdn. überleben

ANALYSE UND INTERPRETATION

3 Gliedere das Epigramm in Abschnitte und gib jedem Abschnitt eine Überschrift.

4 Beschreibe die Trauer, die Martial hier zum Ausdruck bringt. Begründe deine Antwort anhand des Inhalts, der Gliederung und der sprachlichen Gestaltung des Grabepigramms.

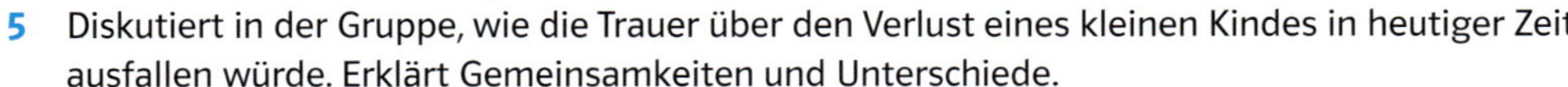

5 Diskutiert in der Gruppe, wie die Trauer über den Verlust eines kleinen Kindes in heutiger Zeit ausfallen würde. Erklärt Gemeinsamkeiten und Unterschiede.

Ein weiteres Grabepigramm verfasste Martial auf einen Offizier der Prätorianergarde Kaiser Domitians namens Fuscus.

SPRACHLICHE UND INHALTLICHE VORERSCHLIESSUNG

6 Das folgende Grabepigramm handelt von den Leistungen und Fähigkeiten des Fuscus. Stelle anhand dir bekannter Vokabeln Vermutungen an, wodurch sich Fuscus ausgezeichnet hat.

Epigramm 6,76

Ille sacrī lateris cūstōs Mārtisque togātī,
crēdita cui summī castra fuēre ducis,
hīc situs est Fuscus. Licet hoc, Fortūna, fatērī:
Nōn timet hostīlis iam lapis iste minās;
grande iugum domitā Dācus cervīce recēpit
et famulum victrīx possidet umbra nemus.

lateris sacrī cūstōs: Wächter des heiligen Leibes, *d. h. Leibwächter des Kaisers*
castra, -ōrum *n. Pl.*: *hier*: Prätorianerkaserne
fuēre = **fuērunt**
hostīlis, -e: feindlich
nemus, -oris *n.*: Grabhain, *also ein kleines Wäldchen*

1 **Mārs togātus**: der in Toga gekleidete (Gott) Mars; *gemeint: Kaiser Domitian* – 2 **crēdita ... ducis**: dem die Prätorianerkaserne des höchsten Führers anvertraut war – 3 **Fortūna**: Fortuna, *die Göttin des Zufalls* – 4 **hostīlis**: *lies* hostīlēs, *bezogen auf* minās – 5 **domitus, -a, um**: unterworfen; *der unterworfene Gegner wurde symbolisch unter das (Sklaven-)Joch* (iugum, -ī *n.*) *geschickt* – **Dācus**: Daker; *Stamm im heutigen Rumänien. 86 n. Chr. feierte Kaiser Domitian einen Triumph für einen erfolgreichen Vorstoß ins Dakergebiet.* – 6 **famulum**: *prädikativ zu* nemus – **victrīx**: *prädikativ zu* umbra

GRUND- UND LERNWORTSCHATZ

sacer, sacra, sacrum	heilig; verflucht
situs, -a, -um	gelegen
lapis, lapidis *m.*	Stein
minae, minārum *f.*	Drohungen, Bedrohungen
cervix, cervīcis *f.*	Nacken, Hals
recipere, recipiō, recēpī, receptum	annehmen, empfangen
famulus, famulī *m.*	Diener
victrīx, victrīcis *f.*	Siegerin

ANALYSE UND INTERPRETATION

7 Paraphrasiere die Leistungen und Fähigkeiten des Fuscus und vergleiche das Ergebnis mit deinen Ergebnissen aus Aufgabe 6.

8 Verfasse einen eigenen Nachruf auf Fuscus.

Die Via Appia

Martials Zeitgenosse und Freund, der Dichter P. Papinius Statius, bezeichnet die Via Appia als *regina viarum*, also als „Königin der Straßen“. Wie alle Römerstraßen ist sie nach ihrem Stifter benannt: dem Konsul von 312 v. Chr., Appius Claudius Caecus.

Die Via Appia, die bei der Porta Capena direkt hinter dem Circus Maximus ihren Ursprung nimmt, war zunächst als militärische Straße nach Capua zur Versorgung der Truppen bestimmt. Ab 190 v. Chr. schloss sie Rom über Brundisium (heute: Brindisi) an die Seewege nach Osten an. Brundisium an der Adria war der Hafen, von dem aus, wie auch heute noch, Schiffe nach Griechenland und in das östliche Mittelmeer ablegten.

Aus der reinen Militärstraße entwickelte sich die Via Appia bald schon zu einer bedeutenden Handels- und Kommunikationsroute. Waren wurden auf dieser Straße befördert, Nachrichten übermittelt und man konnte auch als Privatperson auf ihr in den Süden reisen. Zudem wurden gleich hinter der Porta Capena Gräber angelegt, weil aus hygienischen und religiösen Gründen die Toten nur außerhalb der Städte bestattet werden durften. Roms Adelsgeschlechter nutzten seit republikanischer Zeit die Straße, um mit prächtigen Grabmonumenten dem Reisenden ihre Verdienste um die Republik vorzuführen. So sind bis heute noch die Grabmäler der Priscilla, der Caecilia Metella, der Familie der Scipionen, der Familie der Horatier wie auch der sogenannte Casal Rotondo erhalten. An der viel befahrenen Via Appia konnten sie sicher sein, von zahlreichen Menschen wahrgenommen zu werden. Denn die idyllische Stimmung vor den Toren Roms, für die die *Via Appia Antica*, wie man die Straße heute vollständig nennt, nunmehr so berühmt ist, dürfte es beim damaligen Reiseverkehr nicht gegeben haben.

Grabmal der Familie des Rabirius aus dem Jahr 40 v. Chr. an der Via Appia

2 Was bedeutet der Tod?

In den folgenden Epigrammen kritisiert Martial eine gewisse Gellia wegen ihrer Art des Trauerns, ferner die mehrfache Witwe Chloe. Sodann warnt er Galla, die Frau eines Picentinus. Lycoris wiederum, die Freundin eines Fabianus, würde er gerne „engagieren".

SPRACHLICHE UND INHALTLICHE VORERSCHLIESSUNG

1 Stelle aus folgendem Epigramm alle Begriffe zum Sachfeld „Trauer" zusammen.

Epigramm 1,33

Āmissum nōn flet, cum sōla est, Gellia patrem,
sī quis adest, iussae prōsiliunt lacrimae.
Nōn lūget, quisquis laudārī, Gellia, quaerit,
ille dolet vērē, quī sine teste dolet.

prōsilīre, -iō: hervorspringen
quaerere, -ō: *hier:* nach etw. streben

GRUND- UND LERNWORTSCHATZ

āmittere, āmittō, āmīsī, āmissum	verlieren
flēre, fleō, flēvī, flētum + *Akk.*	jdn. beweinen
sōlus, -a, -um	allein
lūgēre, lūgeō, lūxī, lūctum	trauern
dolēre, doleō, doluī	schmerzen, Schmerz empfinden
testis, testis *m.*	Zeuge

ANALYSE UND INTERPRETATION

2 Erkläre, worin Martials Kritik an Gellia besteht.
3 Verfasse aus Gellias Sicht eine Stellungnahme zu ihren Gunsten.

SPRACHLICHE UND INHALTLICHE VORERSCHLIESSUNG

4 Nenne alle Verben des folgenden Epigramms, die die Handlungen von Chloe, Galla und Lycoris ausdrücken.

Epigramm 9,15

Īnscrīpsit tumulīs septem scelerāta virōrum
„sē fēcisse" Chloē. Quid pote simplicius?

pote = posset

2 sē fēcisse: *Grab- oder Weihinschriften sind oft nach dem Schema aufgebaut, dass zuerst der Name des Toten im Dativ genannt wird, d. h. für wen der Grabstein errichtet ist. Sodann wird der Stifter des Grabsteins im Nominativ genannt und schließlich steht:* (hoc) fēcit. *Diese letzte Wendung, dass der Stifter dies (Monument) „gemacht" hat, fehlt als Selbstverständlichkeit jedoch sehr häufig.*

GRUND- UND LERNWORTSCHATZ

īnscrībere, īnscrībō, īnscrīpsī, īnscrīptum	auf etw. schreiben, eine Inschrift verfassen
scelerātus, -a, -um	verbrecherisch, verrucht
simplex, *Gen.*: simplicis	einfach, eindeutig

Epigramm 9,78

Fūnera post septem nūpsit tibī Galla virōrum,
  Pīcentine: Sequī vult, putō, Galla virōs.

GRUND- UND LERNWORTSCHATZ

fūnus, fūneris *n.*	Begräbnis, Mord
nūbere, nūbō, nūpsī, nūptum + *Dat.*	jdn. heiraten

Epigramm 4,24

Omnēs, quās habuit, Fabiāne, Lycōris amīcās
  extulit: Uxorī fiat amīca meae.

efferre, -ferō, extulī: zu Grabe tragen

ANALYSE UND INTERPRETATION

5 Erläutere, worin in den drei Epigrammen dieses Abschnitts die Pointe Martials besteht.

6 Nimm Stellung zu Martials Beurteilung der drei Frauen (→ Infokasten „Die Witwenversorgung").

Die Witwenversorgung

Etwas vereinfachend ließe sich der „typische" Lebenslauf einer Frau im Römischen Reich wie folgt resümieren: Eheschließung mit 17 bis 18 Jahren, Verlust des Ehemannes mit 33 bis 35 Jahren, weiter zehn Jahre Witwenschaft. Dieser aus arithmetischen Mitteln gewonnene Lebenslauf verdeckt enorme Abweichungen in beide Richtungen. [...] Die materielle Versorgung der meisten Witwen blieb unzureichend. Die Mitgift sowie die vom Ehemann hinterlassenen Vermögenswerte sicherten ihnen lediglich in vergleichsweise wenigen Fällen den Lebensunterhalt; ein Arbeitsmarkt für freigeborene Frauen existierte nur in unzureichendem Maße. So waren die Witwen zumeist, wenn sie denn Söhne im Erwachsenenalter hatten, auf deren Unterstützung angewiesen. [...] Vor allem ältere Frauen, die keiner Erwerbstätigkeit mehr nachgehen konnten und die über keinerlei familiären Beistand verfügten, sowie Witwen, die minderjährige Kinder zu versorgen hatten, waren von Verarmung bedroht. Viele Haushalte von Witwen und Waisen waren verschuldet, die Frauen sahen sich genötigt, ihre Kinder in die Sklaverei zu verkaufen, Töchter der Prostitution zuzuführen. Zahlreiche Waisen mussten bereits in jungen Jahren einer Berufstätigkeit nachgehen, Waisenmädchen fanden wegen fehlender Mitgift überhaupt keinen Mann oder heirateten unterhalb ihres sozialen Standes [...] Den Witwen blieb jede eigenständige gesellschaftliche Rolle verwehrt. Sie waren kollektiv wenig geachtet, von Armut bedroht, eine Randgruppe.

Aus: „Ruperto Carola", Archiv des Forschungsmagazins der Universität Heidelberg Ausgabe 3/1995. Abstract für „Witwen und Waisen im Römischen Reich", Habilitationsschrift, 4 Bde., Steiner-Verlag, Stuttgart 1994/95 von Priv.-Doz. Dr. Jens-Uwe Krause.

Grundwissen

1 Martials Leben und Werk

Martial, mit vollem Namen Marcus Valerius Martialis, wurde zwischen 38 und 41 n. Chr. in Bilbilis in der Provinz Hispania Tarraconensis (heutiges Spanien) geboren. Dort genoss er eine Ausbildung beim *grammaticus* und *rhetoricus*. Um das Jahr 64 n. Chr. kam er nach Rom, wo zu dieser Zeit Kaiser Nero herrschte.

Über Martials Aktivitäten in den folgenden 20 Jahren ist wenig bekannt. Nach eigener Aussage war er zwar arm, bald aber auch berühmt. Im Jahre 80 n. Chr. veröffentlichte er den *liber spectaculorum*, ein Buch über die im Kolosseum veranstalteten Spiele. Vier Jahre später folgten die *Xenia* und die *Apophoreta*, zwei Bücher mit sehr kurzen Epigrammen, die entweder als Aufschriften für Geschenke oder gar anstatt von Geschenken überrreicht werden konnten.

In den Jahren 86–96 n. Chr. veröffentlichte Martial nach und nach sein Hauptwerk: die *epigrammatōn libri*. Hierbei handelte es sich um zunächst elf Bücher mit Gedichten unterschiedlicher Länge, in denen Martial den Alltag Roms mit spitzer Zunge kommentiert. Außer den zu seiner Zeit herrschenden Kaisern, auf deren Wohlwollen er angewiesen war, kommt hier kaum jemand ungeschoren davon. Eine Reihe der rund 1500 Epigramme ist nicht als jugendfrei zu bezeichnen.

Nachdem er den größeren Teil seines Lebens in Rom verbracht hatte, kehrte Martial im Jahre 98 n. Chr. in seine Heimatstadt Bilblis zurück. Die genauen Gründe für diese Entscheidung sind nicht bekannt. Kurz darauf erschien ein zwölftes Buch der Epigramme, bevor Martial etwa im Jahre 104 n. Chr. in seiner Heimatstadt starb.

2 Das antike Epigramm

Epigramme entstanden zunächst in Griechenland. Als Ursprung der Gattung gelten Auf- und Inschriften unterschiedlicher Art, vor allem auf Gräbern. Die ältesten überlieferten Epigramme stammen von Simonides von Keos (6./5. Jh. v. Chr.). Fortgesetzt und weiterentwickelt wurde die Gattung unter anderem von Asklepiades von Samos (4./3. Jh. v. Chr.) sowie Meleagros von Gadara und Antipatros von Sidon (beide 2./1. Jh. v. Chr., Antipatros lebte in Rom).

Von den römischen Schriftstellern sind neben Martials Büchern vor allem Epigramme von Catull (ca. 87–55 v. Chr.) und aus späterer Zeit von Ausonius (ca. 310–394 n. Chr.) überliefert.

In späterer Zeit haben sich auch so bekannte deutsche Dichter wie Lessing, Goethe und Schiller von Martial inspirieren lassen.

Die meisten Epigramme Martials sind – wie ihre griechischen Vorbilder – im elegischen Distichon verfasst. Dieses Versmaß besteht aus zwei Versen: einem Hexameter und einem Pentameter. Oft wird, nach einer Definition von Gotthold Ephraim Lessing (18. Jh.), dem Hexameter inhaltlich der Aufbau einer „Erwartung“, dem Pentameter ein „Aufschluss“ dieser Erwartung zugeschrieben. Auf die Epigramme, die nur aus einem Distichon bestehen, trifft diese Zuschreibung zu. Bei den längeren Epigrammen Martials hingegen kann sich der Aufbau der Erwartung auch über mehrere Distichen hinweg erstrecken.

Im Laufe der Zeit entwickelte sich das Epigramm immer weiter weg von seinem ursprünglichen Charakter als Auf- oder Inschrift. In Martials Werk erinnern noch einige Grabepigramme an den Ursprung der Gattung (s. Kapitel 9.1). Einer bestimmten Thematik scheint Martial sich aber nicht mehr verbunden zu fühlen; zu vielfältig sind die Themen seiner Beobachtungen. Als verbindendes Element liegt den meisten Epigrammen ein sprachlicher Witz zugrunde, der in einigen Gedichten als subtiles Augenzwinkern daherkommt, sich in anderen aber zu derben Späßen und beißendem Spott steigert.

3 Die Bedeutung der Stadt Rom in den Epigrammen

Die Jahre, die Martial in Rom verbrachte, waren von stetigem Bevölkerungswachstum und baulichem Wandel geprägt. Das Jahr, in dem er die Stadt erreichte, war wahrscheinlich auch das eines großen Brandes, der viele Einwohner Roms das Leben kostete und ganze Stadtteile in Schutt und Asche legte. Wen die Schuld daran traf, ist umstritten – fest steht aber, dass auf den betroffenen Flächen gleichzeitig Platz für neue Bauten entstand. Auf einer dieser Flächen errichtete etwa Kaiser Nero eine Palastanlage, die *domus aurea*. An derselben Stelle beauftragte Kaiser Vespasian wenige Jahre später den Bau des riesigen Kolosseums, das im Jahre 80 n. Chr. eröffnet wurde.

Martial war ein direkter Zeuge dieser Ereignisse. Neben dem Kolosseum und dem Circus Maximus dienen ihm auch Thermen, Basiliken und Säulenhallen als Handlungsorte seiner Epigramme. Hier spielte sich das Leben der Römer ab, die mit einer Einwohnerzahl von über 1 Million eine für damalige Verhältnisse gigantische Stadt bevölkerten. Für Martial waren seine Mitmenschen nicht nur Publikum, sondern auch Studienobjekt. Ihre Verhaltensweisen und Gewohnheiten lobt und tadelt er.

Neben ihrem literarischen Wert bieten die Epigramme auch Beschreibungen über die Kultur der Römer: Sie enthalten Informationen über die Sklaverei, das Klientelwesen, die Medizin, den Buchhandel, Wohnverhältnisse, geschäftliche Tätigkeiten, Freizeitbeschäftigungen und vieles mehr. Nicht immer darf der Inhalt der Epigramme für bare Münze genommen werden, denn zu ihrem Wesen gehören auch verzerrte Darstellungen und Übertreibungen. Im Zusammenspiel mit Texten anderer Autoren stellen die Epigramme aber eine äußerst wertvolle Quelle über den Alltag im alten Rom dar.

Stilmittel

Bezeichnung	Erklärung	Beispiele aus den Epigrammen
Akkumulation	gehäufte Verkettung von Unterbegriffen anstatt eines Oberbegriffs	6,60,3: Ecce **rubet** quīdam, **pallet**, **stupet**, ōscitat, ōdit. 7,61,9: **Tōnsor**, **cōpo**, **cocus**, **lanius** sua līmina servant.
Alliteration	Wiederholung des gleichen Anfangsbuchstabens bei mehreren Wörtern	3,1,3: Hunc legis et laudās librum fortāsse priōrem …
Allusion	Anspielung	1,10,4: Quid ergō in illā petitur et placet? **Tussit.** Tussit *spielt auf die schwere Krankheit an, die dem Subjekt den Tod bringen wird.* 6,57,1: Mentīris fīctōs unguentō, **Phoebe**, **capillōs** … *Phoebus hat seinen Namen nach dem Gott Apollo, der für sein schönes Haar bekannt war. Die Haarpracht unseres Phoebus ist aber nur vorgetäuscht.*
Anadiplose	Wiederholung des Endes eines Verses zu Beginn des folgenden Verses	9,97,2–3: quod mē Rōma legit, **rumpitur invidiā.** **Rumpitur invidiā**, quod turba semper in omnī …
Anapher	Wiederholung eines Wortes zu Beginn eines (Halb-)Verses	5,24: **Hermēs** Mārtia saeculī voluptās, **Hermēs** omnibus ērudītus armīs …
Antithese	Gegenüberstellung	2,55,2: **Pārendum est** tibī: Quod **iubēs**, coleris. 5,81: Semper **pauper** eris, sī **pauper** es, Aemiliāne: Dantur opēs nūllīs nunc nisi **dīvitibus.**
Apostrophe	Anrede des Adressaten	7,61,3: Iussistī tenuēs, **Germānice**, crēscere vīcōs
Archaismus	Altertümliche Wendung oder Form	7,76,5: **Nōlītō** nimium tibī placēre.
Asyndeton	Verknüpfung mehrerer Wörter ohne Konjunktion (Gegenstück: Polysyndeton)	6,60,1: **Laudat**, **amat**, **cantat** nostrōs mea Rōma libellōs 6,60,3: Ecce **rubet** quīdam, **pallet**, **stupet**, ōscitat, ōdit.
Chiasmus	Überkreuzstellung	3,1,3: Hunc **legis** et **laudās** librum fortāsse priōrem …

Ellipse	Auslassung eines Wortes oder Satzglieds	3,1,6: Dēbet enim Gallum vincere verna liber … *Zu* Gallum *ist* librum *zu ergänzen.* 3,8,2: Ūnum oculum Thāis nōn habet, ille duōs. *Zu* ille duōs *ist* oculōs nōn habet *zu ergänzen.*
Emphase	gefühlsbetonte Hervorhebung eines Wortes	1,3,3: Nescīs, **heu**, nescīs dominae fāstīdia Rōmae … 2,64,9: **Heia** age, rumpe morās: Quō tē spērābimus usque?
Epanalepse	Wiederholung eines Wortes oder einer Gruppe von Wörtern in zwei Versen	1,108,7–8: Sed tibī nōn **multum est**, ūnum sī praestō togātum: **Multum est**, hunc ūnum sī mihī, Galle, negō.
Epipher	Wiederholung der Schlusswendung in den folgenden Versen	9,97: Rumpitur invidiā quīdam, cārissime Iūlī, quod mē Rōma legit, **rumpitur invidiā**. Rumpitur invidiā, quod turba semper in omnī Mōnstrāmur digitō, **rumpitur invidiā**. Rumpitur invidiā, tribuit quod Caesar uterque Iūs mihī nātōrum, **rumpitur invidiā**. Rumpitur invidiā, quod rūs mihī dulces ab urbe est parvaque in urbe domus, **rumpitur invidiā**. Rumpitur invidiā, quod sum iūcundus amīcīs, quod convīva frequēns, **rumpitur invidiā**. Rumpitur invidiā, quod amāmur quodque probāmur: Rumpātur, quisquis **rumpitur invidiā**.
Epitheton ornans	schmückendes Beiwort in formelhafter Verwendung	9,97,1: Rumpitur invidiā quīdam, **cārissime** Iūlī …
Exclamatio	Ausruf	1,3,3: **Nescīs**, heu, **nescīs** dominae fāstīdia Rōmae …
Homoioteleuton	Häufung von Wörtern mit der gleichen Endung	6,60,1: Laud**at**, am**at**, cant**at** nostrōs mea Rōma libellōs … 6,60,3: Ecce rub**et** quīdam, pall**et**, stup**et**, ōscitat, ōdit …

Hyperbaton	„Klammerstellung": Ein Attribut steht nicht unmittelbar bei dem Bezugswort, sondern „klammert" eines oder mehrere Wörter ein.	6,60,1: Laudat, amat, cantat **nostrōs** mea Rōma **libellōs**. 1,108,4: factus **in hāc** ego sum iam **regiōne** senex
Hyperbel	Übertreibung	6,60,3: Ecce **rubet** quīdam, **pallet**, **stupet**, ōscitat, ōdit.
Klimax	Steigerung	6,60,3: Ecce **rubet** quīdam, **pallet**, **stupet**, ōscitat, ōdit.
Litotes	Betonung des positiven Zustands durch doppelte Negation	5,81,2: Dantur opēs **nūllīs** nunc **nisi** dīvitibus.
Metapher	Übertragung eines Worts aus einem Bedeutungsfeld in ein anderes	7,61,10: Nunc Rōma est, nūper māgna taberna fuit. *Die* taberna *steht für die unordentliche und schmutzige Stadt, die Rom früher gewesen sein soll.*
Metonymie	eine allgemein etablierte Übertragung eines Wortes	3,31,2: Urbānīque tenent praedia multa **lārēs** … *Die* lārēs *stehen als Schutzgötter des Hauses für die Häuser selbst.*
Onomatopoesie	Lautmalerei	1,19,2–4: expulit ūna duōs **tussēs** et ūna duōs. Iam sēcūra potes tōtīs **tussīre** diēbus: Nīl istīc, quod agat, tertia **tussis** habet. *Die Wörter* tussis *und* tussīre *ahmen das zischende Husten nach.*
Parallelismus	parallele Anordnung der Wörter bzw. Satzglieder (Gegenstück: Chiasmus)	6,60,2: Mēque **sinūs omnēs**, mē **manus omnis** habet.
Parenthese	Einschub	1,108,1: Est tibī – **sitque, precor, multōs crēscatque per annōs** – …
Personifikation	Vermenschlichung eines Gegenstands	1,108,10: Māne tibī prō mē dīcet „havēre" **liber**.
Polysyndeton	Verknüpfung mehrerer Wörter mit Konjunktionen (Gegenstück: Asyndeton)	1,10,2: **et** cupit **et** īnstat **et** precātur **et** dōnat …

Polyptoton	Verwendung eines Wortes in unterschiedlichen Flexionsformen	7,61,2: inque suō nullum **līmine līmen** erat 6,60,2: Mēque sinūs **omnēs**, mē manus **omnis** habet 2,55: Vīs tē, Sexte, colī: Volēbam *amāre*. Pārendum est tibī: Quod iubēs, coleris; sed sītē colō, Sexte, nōn *amābō*.
Rhetorische Frage	Frage, bei der die Antwort klar ist	2,64,9: Heia age, rumpe morās: **Quō** tē **spērābimus** usque? 5,20,14: **Quisquam** vīvere cum sciat, **morātur**?
Repetitio	Wiederholung	1,3,3: **Nescīs**, heu, **nescīs** dominae fāstīdia Rōmae ...
Synekdoché	ein Teil anstelle des Ganzen *(pars pro toto)* oder umgekehrt	6,60,1: Laudat, amat, cantat nostrōs mea **Rōma** libellōs 7,61,9: **Tōnsor**, **cōpo**, **cocus**, **lanius** sua līmina servant.
Trikolon	Verknüpfung von drei Gliedern	6,60,1: **Laudat**, **amat**, **cantat** nostrōs mea Rōma libellōs ...
Tautologie	Wiederholung des Gesagten mit sinnverwandtem Wort	6,57,1: **Mentīris fictōs** unguentō, Phoebe, capillōs ...

Bei der **Wortstellung** ist zu beachten, dass diese in der lateinischen Dichtung recht frei gehandhabt wird. Neben der Beachtung von metrischen Zwängen werden besonders betonte Wörter oft an den Beginn oder an das Ende eines Satzes gestellt (z.B. 3, 8,2: Ūnum oculum Thāis nōn habet, ille duōs).

Metrik

- Vermutlich hast du schon als kleines Kind Kinderlieder wie „Álle **méi**ne **Ént**chen / **schwím**men **áuf** dem **Sée**" oder Auszählverse wie: „**Ích** und **dú** / **Mül**lers **Kúh** / **Mül**lers **É**sel **dér** bist **dú**" kennengelernt. Die Verse folgen dabei dem regelmäßigen Wechsel von betonter und unbetonter Silbe, sie sind also rhythmisch und akzentuierend. Viele deutsche Gedichte und Lieder sind so aufgebaut.
- Martials Gedichte dagegen sind anders. Die Römer, die ihrerseits die Dichtkunst von den Griechen übernommen haben, messen die Silben nach **Quantitäten**, d. h. sie unterscheiden, ob sie lang (–) oder kurz (v) sind.
- Ein Vers ist eine bestimmte Abfolge von Metren, d. h. Versfüßen. Ein solches **Metrum** ist beispielsweise der **Daktylus**, ein griechisches Wort, das „Finger" bedeutet. Der Daktylus hat nämlich die Form der Glieder eines Fingers: lang, kurz, kurz (⁻́ v v). Die erste Silbe eines Daktylus ist immer betont.
- Die meisten Epigramme Martials sind im **elegischen Distichon** verfasst, ganz nach dem griechischen Vorbild, wobei der griechische Begriff „Distichon" ausdrückt, dass es sich um zwei Verse handelt. Das elegische Distichon besteht aus zwei Versen, von denen der erste im daktylischen Hexameter, der zweite im Pentameter verfasst ist.
  Um ein elegisches Distichon auch optisch sichtbar zu machen, wird der Pentameter gewöhnlich eingerückt gesetzt.
- Auch der Begriff **Hexameter** kommt aus dem Griechischen. Er setzt sich zusammen aus *hexa* („sechs") und *metrum* („Maß, Versfuß").
  Ein daktylischer Hexameter ist also ein Vers, der aus sechs Metren (in diesem Fall: Daktylen) zusammengesetzt ist:

  ⁻́ v v || ⁻́ v v || ⁻́ v v || ⁻́ v v || ⁻́ v v || ⁻́ x

  Bei den ersten vier Metren können die beiden kurzen Silben jedoch durch eine lange Silbe ersetzt werden: – –; das Metrum heißt dann „Spondäus".
  Das fünfte Metrum ist stets ein reiner Daktylos (– v v).
  Das sechste Metrum besteht in der klassischen Dichtung nur aus zwei Silben, deren letzte entweder lang oder kurz ist; man nennt diese Silbe daher *anceps* („doppelwertig"). Deshalb wird sie gewöhnlich mit x gekennzeichnet.
- Der Begriff **Pentameter** setzt sich zusammen aus dem griechischen Wort *penta* („fünf") und wiederum aus *metrum*. Ein Pentameter ist also ein Vers, der aus fünf Metren besteht. Auch hier ist wieder die jeweils erste Silbe eines Metrums betont.
  Der Pentameter ist dem Hexameter ähnlich, nur sind im dritten und sechsten Metrum die kurzen Silben weggefallen. Die Bezeichnung „fünf" ist also etwas künstlich, da es sich letztlich um zweimal zweieinhalb Metren handelt:

  ⁻́ v v || ⁻́ v v || ⁻́ | ⁻́ v v || ⁻́ v v || ⁻́

- Um die Epigramme auch metrisch richtig lesen zu können, musst du wissen, welche **Silben lang** und welche **kurz** sind. Zu deiner Erleichterung wurden in den lateinischen Texten die von Natur aus langen Silben bereits mit dem Längenzeichen (–) versehen. Alle anderen Silben sind kurz.

Darüber hinaus solltest du wissen:

- Treffen an den Wortgrenzen, also am Ende des einen und am Anfang des nächstens Wortes, zwei Vokale aufeinander, werden diese zu einem Laut verschliffen, wie bei dem Beispiel *ratio est*: Lies also *ratiōst*.
  Das gleiche gilt, wenn ein Wort auf *-m* endet und das folgende Wort mit einem Vokal beginnt. Auch hier werden die beiden betreffenden Silben miteinander verschliffen, z. B. *cōnlātum est* (Epigramm 3,52 → Kap. 2.2): Lies also *cōnlātumst*.

Für Spezialisten

Länge der Silben

- Oft kann man nicht wissen, ob eine Silbe **von Natur aus** lang ist. In vielen Textausgaben sind die von Natur aus langen Silben bereits mit dem Längenzeichen (–) versehen.
- Zudem gilt eine Silbe immer als lang, wenn sie einen Diphthong enthält, z. B. *haec*.
- Eine Silbe gilt weiterhin als lang, wenn auf den Vokal zwei Konsonanten folgen, z. B. *est*. Dies gilt auch über über Wortgrenzen hinweg. Man nennt dies **Positionslänge**.

Zäsuren

- Sprechpausen bzw. **Zäsuren** können im Vers nach dem dritten Halbmetrum (Trithemimeres), dem fünften (Penthemimeres) und nach dem siebten (Hephthemimeres) Halbmetrum auftreten. Die Begriffe stammen ebenfalls aus dem Griechischen und bedeuten „halb" (*hemis*); und „Metrum, Maß" (*meros*). Die Wörter, die unmittelbar vor und nach einer Zäsur stehen, erfahren durch den Effekt der Sprechpause eine besondere Betonung.
- Beim Pentameter gibt es nur eine Zäsur, nämlich genau in der Mitte des Verses nach zweieinhalb Versfüßen.
- Beispiel:
  Trithemimeris (1), Penthemimeres (2), Hephthemimeres (3): Epigramm 6,60,1 (→ Kap. 1)

–	⌄	⌄‖	– (1)	–‖	– (2)	–‖	– (3)	⌄	⌄‖	–	⌄	⌄‖	–	–
Lau-	dat	a-	mat,	can-	tat	nos-	trōs	me-	a	Rō-	ma	li-	be-	llōs

Beispiel eines elegischen Distichons

Epigramm 5,43 (→ Kap. 2.2)

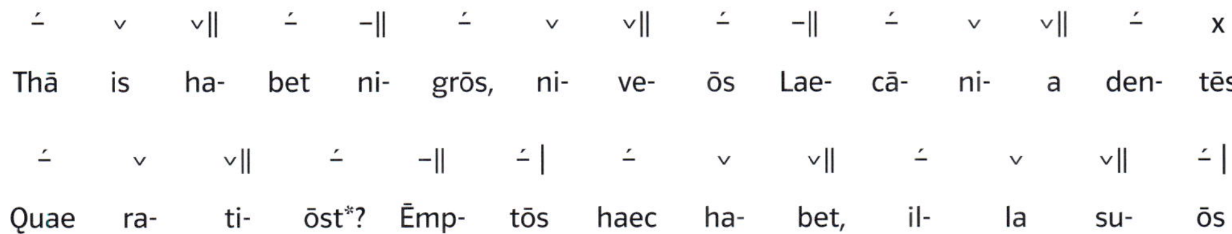

* zusammengezogen aus *ratiō* und *est*, da zwei Vokale aufeinanderstoßen.

Stilistische und metrische Analyse des Beispiels

5, 43,1

Stilistische Analyse:

Die beiden Adjektive *nigrōs* und *niveōs* rücken durch ihre unmittelbare Aufeinanderfolge die beiden charakteristischen Eigenschaften der *dentēs* in den Vordergrund. Eine **Antithese** betont den Gegensatz zwischen den schwarzen und schneeweißen Zähnen, die darüber hinaus durch eine **Alliteration** (*nigrōs, niveōs*) aufeinander bezogen sind.

Doch das Bezugswort fehlt noch: In der ersten Satzhälfte (*Thāis habet nigrōs*) liegt deshalb eine Ellipse von *dentēs* vor, in der zweiten (*niveōs Laecānia dentēs*) ein **Hyperbaton** (*niveōs ... dentēs*). Dadurch wird die Spannung, die darauf abzielt, welche schwarzen Dinge Thais hat und welche weißen Laecania, bis zum Schluss aufrechterhalten.

Metrische Analyse für Spezialisten:

Es sind drei Zäsuren vorhanden: vor *nigrōs* (Trithemimeres) und danach (Penthemimeres), ebenso nach *niveōs* (Hephthemimeres). Auf diese Weise werden die Adjektive, die die Antithese zwischen schwarzen und schneeweißen Zähnen beinhalten, zusätzlich betont.

5,43,2:

Stilistische Analyse:

Die Frage *Quae ratio est?* zu Beginn des Verses setzt die im ersten Vers aufgebaute Spannung fort. Der Leser will nun endlich wissen, was es mit den schwarzen und schneeweißen Zähnen der beiden Damen auf sich hat. Die darauf folgende Antwort greift die **Antithese** zwischen *Thāis* und *Laecānia* aus dem ersten Vers durch *haec* und *illa* wieder auf, zumal auch sie durch den **Chiasmus** von *Ēmptōs haec ... illa suōs* betont wird. Weiterhin wird die Antithese durch dasselbe Spiel mit der Ellipse von *habet* wie im ersten Vers und in besonderem Maße durch die **Ellipse** des Bezugsworts *dentēs* betont. *dentēs* am Ende des ersten Verses wird so zum zentralen Wort. Wie im ersten Vers löst sich das Epigramm erst mit der Schlusspointe. So wird die **Antithese** des ersten Verses im zweiten gleichsam wieder herumgedreht: Im ersten Vers hat Thais schwarze (also schlechte) Zähne, Laecania schneeweiße (also schöne); im zweiten Vers jedoch kommt heraus, dass Thais zwar schwarze, aber wenigstens ihre eigenen Zähne trägt, Laecania aber nur unechte, d. h. gar keine eigenen. Die Pointe wird noch dadurch erhöht, dass *Thais* und *Laecania* mit ihren vornehmen griechischen Namen in Wirklichkeit Prostitutierte sind.

Metrische Analyse für Spezialisten:

Die Zäsur in der Mitte des Pentameters trennt *Quae ratio est? Ēmptōs* von *haec habet, illa suōs*. Damit wird *Ēmptōs* zusätzlich hervorgehoben, gleichsam als Antwort auf die Frage des ersten Halbverses.

Grund- und Lernwortschatz

Die Zahl hinter der Vokabel gibt an, in welchem Kapitel diese vorkommt. Die Vokabeln des Lernwortschatzes werden bei ihrem ersten Vorkommen angegeben und danach vorausgesetzt. Die Vokabeln des Lernwortschatzes sind fett gedruckt, alle anderen bilden den Grundwortschatz.

A

accipere, accipiō, accēpī, acceptum	annehmen, vernehmen	8.1
accūsāre, accūsō, accūsāvī, accūsātum	anklagen	8.2
adeō *Adv.*	so sehr	2.2
adhibēre, adhibeō, adhibuī, adhibitum	hinzuziehen	3.3
aestīvus, -a, -um	sommerlich	3.3
aetās, aetātis *f.*	Alter	9.1
ager, agrī *m.*	Acker, Feld	6.1
agere, agō, ēgī, actum	tun, handeln	2.2
āmittere, āmittō, āmīsī, āmissum	verlieren	9.2
auferre, auferō, abstulī, ablātum	wegnehmen, entreißen, an sich reißen	1
aureus, -a, -um	golden	4

B

beātus, -a, -um	glücklich, erfolgreich	8.1
bibere, bibō, bibī	trinken	4
brevis, breve, *Gen.* brevis	kurz, knapp	7

C

caecus, -a, -um	Blind	1
capillus, capillī *m.*	Haar	3.3
carpere, carpō, carpsī, carptum	(zer)pflücken	2.3
cāsus, cāsūs *m.*	Fall, Zufall, Unglücksfall	2.2
causa, causae *f.*	Grund, Prozess, (Rechts-)Fall	5.2
cēnāre, cēnō, cēnāvī	(zu Abend) essen	8.1
cēnsēre, cēnseō, cēnsuī, cēnsum	einschätzen, meinen	5.2
cervix, cervīcis *f.*	Nacken, Hals	9.1
cōgere, cōgō, coēgī, coāctum	zwingen	1
colere, colō, coluī, cultum	pflegen, bebauen, ehren	2.1
coma, comae *f.*	Haar	3.3
comes, comitis *m./f.*	Begleiter(in)	3.2
cōnferre, cōnferō, cōntulī, collatum	zusammentragen, aufbringen, vergleichen	2.2
cōnfitērī, cōnfiteor, cōnfessus sum	bekennen, zugeben	4
cōnspicuus, -a, -um	(weithin) sichtbar, ansehnlich	6.1
convenīre, conveniō, convenī, conventum	mit jdm. zusammenkommen, jdn. treffen	4
convīva, convīvae *m.*	Gast	2.3
convīvium, convīviī *n.*	Gastmahl, Gelage	3.2
crēdere, crēdō, crēdidī, crēditum	anvertrauen, glauben	7
crēscere, crēscō, crēvī	wachsen; gedeihen	2.1
cupere, cupiō, cupīvī	begehren, wünschen	2.2

D

dare, dō, dedī, datum	geben, schenken	8.2
dēcernere, dēcernō, dēcrēvī, dēcrētum	entscheiden	5.2
dēesse, dēsum, dēfuī	fehlen	9.1
dēliciae, dēliciārum *f. Pl.*	Vergnügen	6.1; 7
dēmēns, dēmentis	irre, ohne Verstand	5.2
dēnsus, -a, -um	dicht	1
dīcere, dīcō, dīxī, dictum	sagen, nennen, bezeichnen	1
diffundere, diffundō, diffūdī, diffūsum	ausgießen, ausstreuen, weit verstreuen	4
digitus, digitī *m.*	Finger	2.3
dīripere, dīripiō, dīripuī, dīreptum	an sich reißen, zerreißen, sich um jdn. reißen	3.2
dīves, dīvitis	reich	2.2
dolēre, doleō, doluī	schmerzen, Schmerz empfinden	9.2
domī *Adv.*	zuhause	2.1
dōnāre, dōnō, dōnāvī, dōnātum	(be)schenken	2.2
dormīre, dormiō, dormīvī	schlafen	3.5
dubitāre, dubitō, dubitāvī, dubitātum	(be)zweifeln; Bedenken tragen	5.2

E

ēdere, ēdō, ēdō, ēdidī	herausgeben; vollbringen	2.3
emere, emō, ēmī, ēmptum	kaufen	2.2
ērigere, ērigō, ērēxī, ērectum	aufrichten	6.1
explicāre, explicō, explicāvī/explicuī, explicātum/explicitum	ausbreiten; ausführen, erörtern	6.1

F

facinus, facinoris *n.*	Handlung, Verbrechen	7
famulus, famulī *m.*	Diener	9.1
fastīdium, fastīdiī *n.*	Hochmut, Anmaßung, Arroganz	2.3
fatērī, fateor, fassus sum	ein-, zugestehen	3.5; 8.2
favor, favōris *m.*	Beifall, Gunst	7
ferus, -a, -um	wild, rasend, wahnsinnig	6.1
fervēre, ferveō, ferbuī	glühend / siedend heiß sein, aufwallen, kochen, brodeln	3.3
fierī, fiō, factus sum	werden; geschehen	2.1
fingere, fingō, fīnxī, fictum	bilden, erdichten, gestalten *(mit dopp. Akk.:)* sich etw. vorstellen als	5.2
flēre, fleō, flēvī, flētum	(be)weinen	9.2
fluere, fluō, flūxī	fließen	3.4
frangere, frangō, frēgī, frāctum	zerbrechen	7
foedus, -a, - um	scheußlich, abstoßend	3.2
frīgus, frīgōris *n.*	Kälte	5.2
fundere, fundō, fūdī, fūsum	(aus)gießen	3.4
fūnus, fūneris *n.*	Begräbnis, Mord	9.2

G

gravis, grave, *Gen.* gravis	ernsthaft, würdevoll	8.1
grex, gregis *m.*	Herde, Horde	3.4

H

habitāre, habitō, habitāvī, habitātum	(be)wohnen	4
hasta, hastae *f.*	Lanze	6.2
herī/here *Adv.*	gestern	8.2
hinc *Adv.*	von hier	4

I

illinc *Adv.*	von dort	4
immō *Adv.*	im Gegenteil	2.2
incendere, incendō, incendī, incensum	anzünden	2.2
incidere, incidō, incidī	in etw. geraten, auf jdn. (zufällig) stoßen	3.2
incipere, incipiō, coepī, inceptum	beginnen, anfangen	2.2
inde *Adv.*	von da an	4
īnfāns, īnfantis *m./f.*	Kleinkind	9.1
inīquus, -a, -um	ungerecht, ungünstig	7
īnscrībere, īnscrībō, īnscrīpsī, īnscrīptum	auf etw. schreiben, eine Inschrift verfassen	9.2
instāre, instō, institī	bedrängen, bevorstehen, bedrohen	2.2
invīdēre, invīdeō, invīdī, invīsum	beneiden	8.2
invidia, invidiae *f.*	Neid	2.3
invidiōsus, -a, -um	verhasst	6.1
invidus, -a, -um	neidisch	7
invītāre, invītō, invītāvī, invītātum	einladen	8.2
istīc *Adv.*	dort; dabei	2.2
iubēre, iubēō, iussī, iussum	befehlen	2.1
iūrāre, iūrō, iūravī, iūrātum	schwören	8.1

L

lacerāre, lacerō, lacerāvī, lacerātum	zerfleischen	6.2
lacrima, lacrimae *f.*	Träne	9.1
languidus, -a, -um	schlaff, matt, träge	6.2
lapis, lapidis *m.*	Stein	9.1
lascīvus, -a, -um	ausgelassen, übermütig	2.3
lavāre, lavō, lāvī, lautum	baden, waschen	3.2
legere, legō, lēgī, lēctum	sammeln, lesen, hier: laut lesen, rezitieren	8.1
libellus, libellī *m.*	Büchlein	1
līmen, līminis *n.*	(Tür-)Schwelle	1
lingua, linguae *f.*	Zunge, Sprache	9.1
līs, lītis *f.*	(Rechts-)Streit	5.2
longinquus, -a, -um	weit entfernt; fern	1
lūgēre, lūgeō, lūxī, lūctum	trauern	9.2

M

maestus, -a, -um	betrübt, traurig	7
mālle, mālō, māluī	lieber wollen	2.3
malus, -a, -um	schlecht	2.3
māne *Adv.*	frühmorgens	2.1
manus, manūs *f.*	Hand	7
medius, -a, -um	mitten, der mittlere	6.1
meminisse, meminī + *Gen.*	sich erinnern	2.2
mēnsa, mēnsae *f.*	Bank (auch als Finanzinstitut)	3.4
mentīrī, mentior, mentītus sum	lügen, (vor)täuschen	3.3
mergere, mergō, mersī, mersum	(ein)tauchen	3.3
migrāre, migrō, migrāvī	(umher)wandern; reisen; ziehen	2.1
minae, minārum *f.*	(Be-)Drohungen	9.1
mīrārī, mīror, mīrātus sum	bewundern, sich wundern	6.1
modo *Adv.*	gerade (eben)	3.4
modo ... modo	bald .... bald	5.2
modus, modī *m.*	Art, Weise	2.2
mōlēs, mōlis *f.*	Masse, (riesiger) Bau	6.1
monstrāre, monstrō, monstrāvī, monstrātum	zeigen	2.3
mora, morae *f.*	Verzögerung, Zögern	5.2
mūnus, mūneris *n.*	Geschenk, Aufgabe, Veranstaltung	6.1
mūtāre, mūtō, mūtāvī, mūtātum	verändern, tauschen	7

N

nec = neque *Konj.*	und nicht, auch nicht, aber nicht	3.3
niger, nigra, nigrum	schwarz	1; 7
nimium *Adv.*	zu sehr	2.2
nocturnus, -a, -um	nächtlich	6.2
nūbere, nūbō, nūpsī, nūptum + *Dat.*	jdn. heiraten	9.2
nūdus, -a, -um	nackt	7
numerāre, numerō, numerāvī, numerātum	(ab)zählen	5.2
nummus, nummī *m.*	Münze	3.4
nusquam *Adv.*	nirgendwo, nirgendwohin	4

O

occidere, occidō, occidī	unter-, zugrunde gehen	7
ōdisse, ōdī	hassen	1
opēs, opum *f. Pl.*	Reichtum	2.2
optāre, optō, optāvī, optātum	wünschen	9.1

P

parcere, parcō, pepercī + *Dat.*	jdn. (ver)schonen, schonend behandeln	6.2
pars, partis *f.*	Teil, Richtung	4
parvus, -a, -um	klein	2.3
patī, patior, passus sum	erdulden, erleiden	2.3
pauper, *Gen.* pauperis	arm	2.2

pectus, pectoris *n.*	Brust	7
perdere, perdō, perdidī, perditum	zugrunde richten	3.3
peregrīnus, -a, -um	fremd, fremdartig	3.4
perīre, pereō, periī	zugrunde gehen, sterben	5.2
perspicuus, -a, -um	durchsichtig	4
pingere, pingō, pinxī, pictum	(be)malen	3.3
piscis, piscis ***m.***	Fisch	3.3
placet, placuit	er/sie/es gefällt	2.2
plausus, plausūs ***m.***	Applaus, Beifall	7
porticus, porticūs ***f.***	Säulenhalle, Bogengang	3.2
potēns, potentis	mächtig	3.2
precārī, precōr, precātus sum	bitten, (er)flehen	2.1; 2.2
prōdere, prōdō, prōdidī, prōditum	verraten	4
prōdesse, prōsum, prōfuī	nützen	9.1
propius *Adv.*	näher, ziemlich nah	6.1

Q

querī, queror, questus sum	sich beklagen	3.5
quisquam, quicquam	(überhaupt) irgendjemand, irgendetwas	5.2
quotiēns *Adv.*	sooft, wie oft	3.2

R

rapere, rapiō, rapuī, raptum	(weg)reißen, weg-, dahinraffen	7
ratio, ratiōnis *f.*	Plan, Vernunft, Erklärung	2.2
recēns, recentis	frisch, neu, jung	3.4
recipere, recipiō, recēpī, receptum	annehmen, empfangen	9.1
recitāre, recitō, recitāvī, recitātum	vorlesen	2.3
reddere, reddō, reddidī, redditum	zurückgeben	6.1
requīrere, requīrō, requīsīvī, requīsītum	suchen	4
rumpere, rumpō, rupī, ruptum	zerbrechen, zerplatzen, zerstören	2.3
rūs, rūris *n.*	Land (Gegenteil von „Stadt"), Landgut	2.3

S

sacer, sacra, sacrum	heilig; verflucht	9.1
saeculum, saeculī *n.*	Jahrhundert	6.2
saevus, -a, -um	wütend	7
sānē *Adv.*	gewiss, sicherlich	1
scelerātus, -a, -um	verbrecherisch, verrucht	9.2
sella, sellae ***f.***	Sitz, Tragesitz	3.4
sequī, sequor, secūtus sum + *Akk.*	jdm. folgen	3.4
sīdereus, -a, -um	strahlend	6.1
simplex, ***Gen.:*** **simplicis**	einfach, eindeutig	9.2
sinus, sinūs *m.*	Bausch (der Toga)	1
situs, -a, -um	gelegen	9.1
sōlus, -a, -um	allein	9.2

solvere, solvō, solvī, solūtum + *Dat.*	lösen, zahlen, jmd. bezahlen	5.2
sordidus, -a, -um	schmutzig	3.3
speciēs, speciēī *f.*	Aussehen, Anblick	9.1
spērāre, spērō, spērāvī, spērātum + *Akk.*	auf jdn. / auf etw. hoffen	5.2
stringere, stringō, strīnxī, strictum	ziehen, zücken	1
stupēre, stupeō, stupuī	erstarrt sein, verblüfft sein; staunen	1
superesse, supersum, superfuī + *Dat.*	jdn. überleben	9.1
sustentāre, sustentō, sustentāvī, sustentātum	tragen, stützen, aushalten	4

T

tacēre, taceō, tacuī	schweigen	8.1
tēctum, tēctī *n.*	Dach, Haus	6.1
temperāre, temperō, temperāvī, temperātum	mäßigen, zügeln	3.3
tendere, tendō, tetendī, tēntum	dehnen, spannen	8.1
testis, testis *m.*	Zeuge	9.2
timēre, timeō, timuī	fürchten	6.2
trahere, trahō, trāxī, tractum	ziehen, schleppen	3.2
tumulus, tumulī *m.*	Grab, Grabhügel	9.1
turba, turbae *f.*	(Volks-)Menge, Masse (des Volkes); Getümmel, Lärm	2.3
turpis, turpe, *Gen.* turpis	hässlich	3.2
tūtus, -a, -um	sicher	2.3

U

ubīque *Adv.*	überall	4
unda, undae *f.*	Welle, Flut	6.2

V

vacāre, vacō, vacāvī, vacātum	leer stehen, offen stehen	2.3
vagus, -a, -um	umherschweifend, -bummelnd	3.3
valēre, valeō, valuī	stark/kräftig sein; vermögen, imstande sein	5.2
velle, volō, voluī	wollen	8.2
vērum *Adv.*	aber	2.1
vetus, *Gen.* veteris	alt	4
via, viae *f.*	Weg, Straße	6.1
victrīx, victrīcis *f.*	Siegerin	9.1
vīcus, vīcī *m.*	Dorf, Stadtteil, Straße	4
voluptās, voluptātis *f.*	Freude, Lust	6.2